气象指数保险业务手册

吴利红　刁逸菲　毛裕定
高大伟　毛燕军　刘　晔　编著
郁珍艳　陈爱莲　何　萍

气象出版社
China Meteorological Press

内容简介

本书将浙江省气候中心10余年来设计的气象指数保险产品及其试点运行过程中积累的工作经验以及在气象指数保险推广应用中需要的气象专业知识制订成册，展示气象指数保险产品中有关气象、保险、作物、保险宣导以及气象指数保险存在的问题等相关知识。本书综合分析农业气象指数保险类产品的优缺点及其设计原理等，围绕气象指数保险产品的设计及业务运营所需，详细介绍浙江省农业气象灾害分布、13个名优特经济作物的主要气象灾害及种植分布，并对浙江省气象指数保险业务中的主要难点及成功案例、宣导细则进行了详细释义。

本书可作为农业保险业务工具书，也可以为政府部门、农户以及从事气象指数设计的同行提供参考。

图书在版编目（CIP）数据

气象指数保险业务手册 / 吴利红等编著. -- 北京 : 气象出版社, 2023.11
ISBN 978-7-5029-8067-2

Ⅰ. ①气… Ⅱ. ①吴… Ⅲ. ①农业保险－气象服务－中国－手册 Ⅳ. ①F842.66-62②P49-62

中国国家版本馆CIP数据核字(2023)第196903号

气象指数保险业务手册

Qixiang Zhishu Baoxian Yewu Shouce

出版发行：气象出版社
地　　址：北京市海淀区中关村南大街46号　**邮政编码**：100081
电　　话：010-68407112(总编室)　010-68408042(发行部)
网　　址：http://www.qxcbs.com　**E-mail**：qxcbs@cma.gov.cn
责任编辑：黄海燕　**终　　审**：张　斌
责任校对：张硕杰　**责任技编**：赵相宁
封面设计：艺点设计
印　　刷：北京地大彩印有限公司
开　　本：710 mm×1000 mm　1/16　**印　　张**：6.75
字　　数：144千字
版　　次：2023年11月第1版　**印　　次**：2023年11月第1次印刷
定　　价：48.00元

前　言

2004 年以来，中央一号文件连续多年提出要尽快建立完善中国政策性农业保险制度，积极推进政策性农业保险试点工作。2006 年，浙江省率先在全国实行政策性农业保险试点，以低保额初始传统成本保险，采用“政府推动＋市场运作＋农户自愿”的模式，选择了水稻、蔬菜（瓜果）大棚、露地西瓜、柑橘树、森林火灾、生猪、鸡、鸭、鹅、淡水养鱼等品种，取得了良好的成果。这些保险仅限于传统农业保险，浙江省“七山一水二分田”的地形、垂直气候及生物多样性，造就了浙江省名优特农产品丰富，但因保险理赔成本高、时效低，此类作物保险产品较少。2014 年，《国务院关于加快发展现代保险服务业的若干意见》（国发〔2014〕29 号）中要求“开展农产品目标价格保险试点，探索天气指数保险等新兴产品和服务，丰富农业保险风险管理工具”。浙江省政策性农业保险工作协调小组办公室（简称“农险办”）积极响应政策号召，要求浙江省加强开发气象指数保险产品及应用。

浙江省气候中心在 2005 年成立了“农业保险气象服务技术”项目组，前期在传统农业保险的气象指数理赔、风险评估、预警等方面进行了大量的服务，建立了农业保险气象服务技术体系，其中也包含了气象指数保险产品的设计，但只停留在理论研究阶段，相关成果仅限于发表在期刊及论著上。2014 年，在浙江省各级农险办的大力支持下，项目组广泛开展调研，将首个只限于理论研究的茶叶低温气象指数保险产品进行落地应用，以点带面，逐步扩大试点，5 年内覆盖了全省茶叶主产区，之后杨梅、枇杷、油茶、甘蔗等多个气象指数保险产品相继落地应用，成为浙江省政策性农业保险的一大创新亮点。由于气象指数保险设计中需要用到气象、农业、金融、保险等多部门的专业知识，气象指数保险的内在机理及保险内容较难理解透彻，需要有一本介绍气象指数保险的业务手册，有助于相关人员对气象指数保险业务的深刻了解，推动该业务的健康发展及可持续进行，这是编写本书的出发点。本书展示了气象指数保险产品中有关气象、保险、作物、保险宣导以及气象指数保险存在的问题等方方面面的相关知识。第 1 章综合评述农业风险及农业保险的定义、分类，详细分析政策性农业保险中，传统农业保险与气象指数保险类产品的差别，气象指数保险具有理赔时效高及成本低、少纠纷、促进防灾减灾等优势。第 2 章简要介绍国内外气象指数保险概况，详细阐述浙江省气象指数保险的发展状况，重点介绍气象指数设计原理、存在问题及气象指数保险运营宣导细则。第 3 章分析浙江省主要农业气象灾害与保险的关系，详细介绍热带气旋、暴雨洪涝、干旱、高温、秋季低温、倒春寒、霜冻、春季连阴雨及风雹的定义及其时空分布。第 4 章基于农业气象指数保险设计中所需的气象要素的时制与日界以及气温、降水、风、雪深的定义及其相关统计量进行介绍。第 5 章对浙江省的主要气象指数保险产品中气象专业性较强的保险内容进行详细释义。第 6 章介绍浙江省 5 个气象指数保险运行的成功案例，便于保险公司业务人员宣导时借鉴。第 7 章介绍浙江省 13 个主要名优特色经济作物的概况及主要气象灾害、种植分布等，便于保险业务的拓展。

本书将浙江省气候中心 10 余年来设计的气象指数保险产品及其试点运行过程中积累的工作经验以及在气象指数保险推广应用中需要的气象专业知识制订成册，展示的气象灾害、个例等均以浙江省为例，可供同行参考，也给政府部门、农户了解气象指数保险提供了基础资料，为保险公司业务人员如何宣导气象指数保险业务指明了方向。

本书由吴利红策划组织、审定。全书分 7 章，第 1 章农业保险概况，由吴利红编写；第 2 章气象指数保险，由吴利红编写；第 3 章农业气象灾害简介，由高大伟、毛燕军、郁珍艳编写；第 4 章气象指数保险相关气象要素释义简介，由刘晔、刁逸菲、陈爱莲、何萍编写；第 5 章主要气象指数保险释义，由刁逸菲、吴利红编写；第 6 章浙江省主要气象指数保险宣导案例，由刁逸菲、吴利红编写；第 7 章浙江省主要名优产品主产区及关键性气象灾害，由毛裕定、吴利红、刁逸菲、刘晔、何萍编写。

本书在撰写过程中，中国人民财产保险股份有限公司浙江省分公司骆升威、伍敏提供了大力帮助，新昌县气象局娄伟平博士对本书提出了诚恳建议。此外，本书得到了浙江省农险办、浙江省气象局、中国人民财产保险股份有限公司浙江省分公司等相关部门的鼎力帮助，得到了项目承担单位浙江省气候中心的大力支持。在此，一并向他们表示诚挚的感谢！

由于本书编写者水平有限，加之时间仓促，难免存在一定错漏，欢迎读者多提宝贵意见。

吴利红

2023 年 6 月 8 日

目 录

第 1 章　农业保险概况

1.1　农业风险

一般来说，农业风险由自然因素及人为因素两方面引起，面临的主要风险有自然风险、市场风险、社会风险和政策风险等。农业生产对自然条件的依赖性使得其有别于其他产业，相对而言，农业生产过程更多受到自然因素的直接作用。农业自然风险主要是由自然灾害造成的，包括洪涝灾害、高温干旱灾害、冰雹灾害、冻害、冷害等气象灾害以及其他如火灾、虫灾等，这些自然风险，就其特点而言，主要表现为极强的破坏性、不可预测性、季节性、多重性、区域性和内部差异性。

气象灾害是最直接也是破坏性最强的风险。浙江省农业气象灾害主要包括台风、高温、干旱、洪涝、低温、风灾、连阴雨、雪灾、雹灾等，受灾风险很高，对农业生产的影响较大，农业“靠天吃饭”的状况依然存在。

为提高农业防灾防损能力和灾后恢复能力，在时间和空间上分散农业风险一个行之有效的方法就是实施农业保险。

1.2　种植业风险区划

农业气象灾害风险区划可为作物生产布局调整提供科学依据。每一种作物，由于气候环境等原因，都有其种植的风险性。所谓风险区划是指根据农作物生产的随机不确定的结构性风险因子，将农作物生产风险区域划分成不同的小区域。种植业风险区划分为最适宜种植区、适宜种植区、次适宜种植区、不适宜种植区。最适宜种植区农作物生产自然风险很低，可获得高产量或高经济产出，一般不利自然条件造成的损失较小。适宜种植区农作物生长良好，可获得较高产量或较高经济产出，但不利自然条件会对农作物造成一定的损失。次适宜种植区自然条件能满足农作物生长需要，可获得一定的产量或经济产出，但不利自然条件会对农作物造成较大的损失。不适宜种植区自然条件不能满足农作物正常生长需要，难以获得期望的产量或经济产出，不利自然条件会对农作物造成很大的损失，此类区域由于遭受的气象灾害风险非常高，农产品产量经常甚至年年产量很低或绝收（华烨 等，2021）。一般而言，不适宜种植区参加农业保险需要很高的保费，不适宜参加农业保险（Lou et al.，2013）。

我国地形以山地丘陵为主，小气候资源丰富，各地气候条件相差较大，如在农业生产中盲目引种和随意发展会造成严重的经济损失。地理信息系统（Geographical Information System，GIS）以地理空间数据库为基础，在计算机软、硬件环境支持下，对空间相关数据进行采集、管理、操作、分析、模拟和显示，并采用地理模型分析方法，适时提供多种空间和动态的地理信息。利用 GIS 技术可以对自然资源要素进行细网格化推算，得到细网格点上的自然资源要素值，结合农作物生长对自然资源的要求开展精细化区划，从而为各级政府分类指导农业生产、发挥区域农业气候优势、减轻自然灾害损失、形成各具特色的区域优势产品和主导产业，为各地农民因地制宜发展特色农业提供科学依据（娄伟平 等，2015）。

以绍兴市特早生茶树品种霜冻风险精细化区划为例，通过计算不同茶树物候期出现的各级霜冻造成的经济损失率及对应的出现概率，得到霜冻造成特早生茶树品种的经济损失率期望值即霜冻风险度（图 1.1）。如果仅仅考虑霜冻，图中霜冻风险度小于 0.1 区域为最适宜种植区，霜冻风险度在 0.1～0.3 区域为适宜种植区，在 0.3～0.5 区域为次适宜种植区，大于 0.5 区域为不适宜种植区。不适宜种植区因霜冻风险很高，建议不种植特早生茶树品种，对于此地有早生茶叶种植的也不适宜参保（娄伟平 等，2019）。

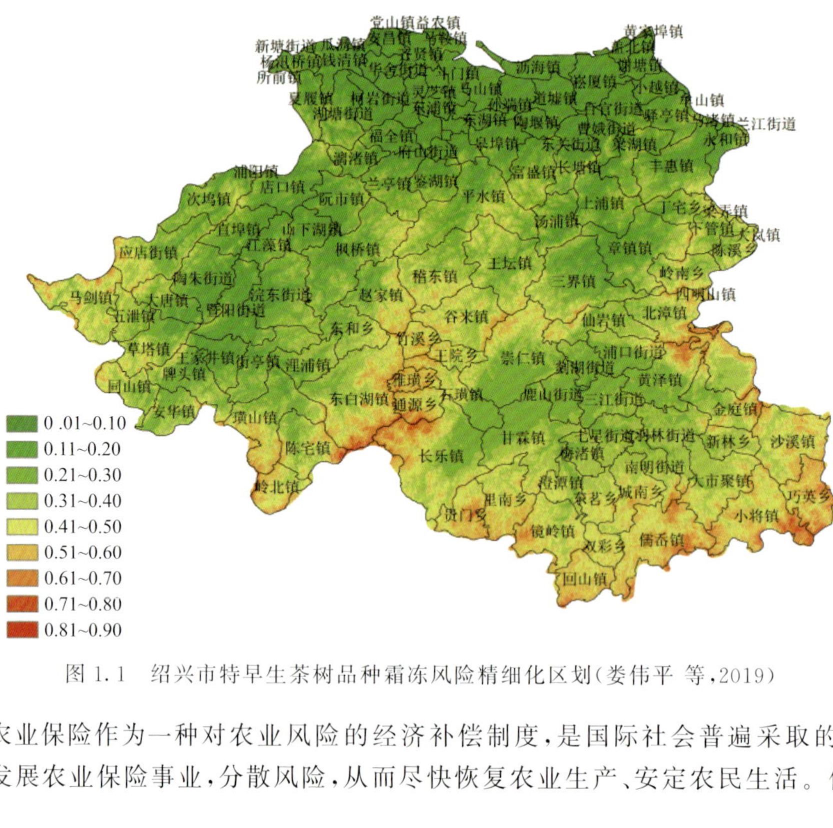

图 1.1 绍兴市特早生茶树品种霜冻风险精细化区划（娄伟平 等，2019）

农业保险作为一种对农业风险的经济补偿制度，是国际社会普遍采取的措施。通过发展农业保险事业，分散风险，从而尽快恢复农业生产、安定农民生活。保险的一个重要原则就是坚持风险一致性,不同地区同一农作物之间风险差异必然会导致产量损失程度差异和损失概率分布差异,进而导致费率差异。因此,根据农作物风险差异和产量损失差异进行区域划分,或者对不同农作物保险单位进行风险等级识别成为必要。同时,风险区划也将为开发新的保险品种、厘定费率等级和确定不同费率等级的适用范围提供科学依据和基础,风险区划的应用也可以为降低基差风险提供重要支撑(Lou et al. ,2013)。

1.3　农业保险定义及分类

1.3.1　农业保险定义

农业保险是指专门为农业生产者在从事种植业和养殖业生产过程中,对遭受自然灾害和意外事故所造成的经济损失提供保障的一种保险。保险机构依据农业保险合同,对被保险人因保险标的物遭受约定的自然灾害、意外事故、疫病、疾病等保险事故所造成的财产损失,承担赔偿保险金责任的保险活动。农业保险是转移分散气象灾害风险、降低生产不确定性、促进农民增收的有效农业支持政策,能够为农业的可持续发展提供重要风险保障。

农业保险具有高风险性,费率和保费较高,而农户的支付能力有限,农业又是国民经济的基础,也是社会发展的基础,无论是发达国家或是发展中国家,一般来说,农业保险均不属于商业性保险的范畴,政策性农业保险制度属于 WTO(世界贸易组织)框架下"绿箱政策",是各国政府保护、促进农业发展的有效工具之一,是国家为稳定国民经济基础、加强农业保护、维护农村社会稳定而实行的一种政策(吴利红 等,2012)。

我国政府高度重视"三农"问题,2004 年始连续多年提出要尽快完善中国政策性农业保险制度,积极推进政策性农业保险的试点工作,浙江省于 2005 年开始筹备,2006 年正式开始试点。

1.3.2　农业保险分类

农业受灾风险高,如台风、低温等气象灾害在农作物一个生长周期中可以发生多次侵害,如浙江的春季茶叶,2 月中旬—4 月中旬,2015 年以来最多年份遭受过 4 次冻害。农业保险遭受气象灾害损失风险概率远高于其他保险,导致农业保险费率较高,一般农业保险费率与其他财产类保险费率相差一个量级。在之前的多次农业保险生产实践中,农户有较高参保需求,但参保缴费能力往往有限,导致多年来商业性农业保险大多因失败而告终。国内外保险模式客观事实表明,农业保险必须有政府参与,采取多种相关政策支持,政策性农业保险才能使农业保险得到可持续发展。

从宏观及微观角度将农业保险分类如下：

(1)宏观分类：政策性农业保险，商业性农业保险。

(2)微观分类：政策性传统农业保险，政策性指数类农业保险。

政策性农业保险与商业性农业保险的主要差别是前者有政府参与，解决了农户保费过高、缴费能力有限等问题，是农业保险可持续性发展的前提。

政策性农业保险：是由政府直接组织并参与经营，或通过保费补贴、政策支持，指派并扶持保险公司经营，一般不具有营利性，是一个公益性保险产品。将财政手段与市场机制相对接，可创新政府救灾方式，提高财政资金使用效益，分散农业风险，促进农民收入可持续增长。经营的项目，一般保险责任范围比较广泛，如水稻保险，涵盖了气象灾害、病虫害等一切灾害。

商业性农业保险：即农户可与保险公司就保险方式进行个性化约定，保险公司依据保险内容，核算保险费率，商业保险的保费均由保险人自行负责，政府不予补贴。商业保险纯粹是保险公司与农户之间的一种保险关系，经营范围只由商业性保险公司承保。商业性保险以盈利为目的，完全取决于市场运作机制，因商业性农业保险标的发生灾害风险高，保费很高，保费均由农户自己承担，我国自开展商业性农业保险以来，鲜有成功案例。

政策性农业保险分为传统农业保险和指数类农业保险。政策性农业保险中，90%以上的保险产品是传统农业保险，指数类保险虽然有理赔快速、成本低等诸多优势，但因其保障责任少(如大多数气象指数保险产品只保障一个气象灾害)，且存在保险基差风险，目前只是政策性农业保险的一个补充产品。随着降低气象指数保险基差风险的技术进一步提高，有望更多的气象指数保险产品运用于政策性农业保险中去。

传统农业保险：水稻、油菜等政策性传统农业保险产品经营过程中发生灾害后，一般情况下，由农户报案申报受灾情况，保险公司、村干部、农业技术人员组建2～5人的农险定损理赔专家小组，在7～15 d完成现场踏勘、定损理赔等工作。由于农业保险理赔复杂，出现洪涝等大范围灾害时，需要大量定损理赔人员，不仅理赔成本高、时效低，同时定损理赔在作物收获前完成，灾损评估依靠定损理赔专家经验，灾损评估误差大，容易产生道德风险、骗赔。

指数类农业保险：依据事先约定的指数值超过约定的某个临界值时，必须要进行保险赔偿的一种新型保险方式。指数保险无须保险公司现场勘查定损，指数所需的数据由约定好的相关部门提供。目前运营较多的有气象指数保险、价格指数保险等。气象指数保险由气象部门提供客观的气象数据进行理赔，价格指数保险的价格数据由保单约定的部门提供。指数类保险理赔简单，深受农户及保险公司欢迎，但气象指数保险虽然有长序列客观的气象数据，但其缺点是基差风险不可避免；价格指数保险的缺点是难以获得客观的多年价格数据资料，存在主观性。

1.4 传统农业保险

1.4.1 传统农业保险种类

传统农业保险按照财政补贴情况，分中央财政补贴型险种、地方财政补贴型险种。

中央财政补贴型险种：享受中央财政补贴的险种。主要有水稻、玉米、棉花、大豆、小麦、油菜、能繁母猪、奶牛等。

地方财政补贴险种：由省级财政与县级财政共同补贴的险种，由市县财政共同补贴及仅由县级财政补贴的市、县特色险种。如浙江省的设施大棚、大棚蔬菜、露地蔬菜、大棚西瓜、露地西瓜、葡萄、柑橘树、鸡、鸭、淡水养鱼、稻田养鱼等为省级地方财政补贴险种。其他如茶叶、枇杷、杨梅、食用菌、甜瓜、水蜜桃、草莓、猕猴桃、花卉、西兰花、西红柿、茭白、芦笋、番薯、高粱、中药材、蚕、羊、两头乌、蜂、青蟹等为县级财政补贴或省以奖代补的地方特色财政补贴险种。

1.4.2 传统农业保险气象服务技术

传统农业保险需要保险公司对受损标的进行勘查定损，需调查取证进行理赔，气象服务可在三方面进行服务：一是采用气象理赔指数对受损农作物进行产量损失定量评估；二是提供参保标的周围的气象要素数据证明；三是灾前进行预警，降低标的损失。

（1）气象理赔指数

气象理赔指数保险定义为：在一个事先指定的区域，以一种事先规定的气象事件发生为基础，根据气象事件造成作物产量的损失率，确立损失理赔支付合同。理赔指数和事先规定的气象事件造成的作物减产率相对应，保险人参考理赔指数进行理赔。

气象理赔指数事实上是指定量评估气象灾害发生后对参保作物产量影响损失程度，一般在灾后气象数据获取后，依据事先确定的损失模型，进行计算即可获取，但无论多精细的模型，都会与实际损失存在一定的差异，所以只能作为传统农业保险理赔参考依据，保险业务人员可参考该数据与农户确定损失情况，但不能作为理赔凭证。

（2）气象数据证明

传统农业保险中，释义部分罗列了有关气象灾害等定义解释。如有关暴雨定义、干旱定义等。农户在理赔时，需提供气象证明。

在参保标的附近不一定有气象站，一般可以采用参保标的周边的气象站数据进行服务，作为理赔参考依据。

如水稻保险条款中气象灾害的责任有暴雨、洪水（政府行蓄洪除外）、内涝、风灾、雹灾、冻灾、旱灾、地震、台风、龙卷、雪灾、扬花期低温等。释义部分中暴雨的有关规定：暴雨指每小时降雨量达 16 mm 以上，或连续 12 h 降雨量达 30 mm 以上，或连续 24 h 降雨量达 50 mm 以上的降雨。

参保标的虽遭受了暴雨的影响，但气象站不一定在参保标的附近，可以参照标的周边气象站的降水数据进行分析，当周边气象站的降水量不满足释义中的暴雨降水量标准时，也不能说明参保标的地块没有发生过暴雨，尤其是在大风等局地性比较强的天气现象发生时，由于其天气尺度很小，有时只有几千米，气象站不一定能捕捉到大风记录，故在保险公司理赔时要注意这类现象的发生。

(3)气象灾害预警

气象灾害预警可以实现在灾害来临之前，利用 3～7 d 的天气预报对参保标的未来可能遭受的损失进行预警，可让农户加强防灾措施、抢收保险标的等，可降低损失，减少保险公司赔付。

1.5 气象指数保险定义及分类

1.5.1 气象指数保险定义

气象指数保险是指在事先指定区域，以事先规定的气象条件与作物产量定量关系为基础，当该区域的气象要素值等于或低于（高于）事先约定的值时，依据产量损失率的大小，确立损失理赔支付合同。保险指数和气象事件造成的作物减产率相对应，保险人按保险指数进行理赔。

事实上，气象指数保险在合同确定后，气温、降水量、风速等表征气象灾害强弱的要素值，即保险合同中事先约定测站的气象要素记录，在超过阈值后可直接按照合同中约定的理赔模型查出理赔金额，给予投保人相应的赔偿。

参加气象指数保险后，大灾后实际的农作物受损状况如何，保险公司无须逐户勘查定损，有效地解决了传统农业保险成本高、效率低、及时性差、有纠纷等一系列问题。

1.5.2 气象指数保险分类

大多气象指数保险产品只保障一种气象灾害对农作物生长关键期的产量影响损失风险，如枇杷低温气象指数保险中只保障花期及幼果期的低温灾害，杨梅采摘期降水指数保险只保障杨梅在采摘期间发生的持续阴雨天气所产生的落果及变质损失等。枇杷花期及幼果冻害关系到整个枇杷的产量高低，春季枇杷花期及幼果期的严重冻害可以导致枇杷绝收。在杨梅采摘期，如遭遇持续的降水天气，杨梅采收困难，落果严重，品质下降，严重的持续强降水天气也可导致杨梅绝收。

依据需要，也可以设计多个气象灾害保险责任的气象指数保险产品，如浙江省茶叶整个生育期间，易遭受春季低温、高温热害及秋冬旱的影响，对春茶、夏秋茶均有很大影响，可以设计以春季低温灾害、高温热害、秋冬旱为保险责任的综合茶叶气象指数保险产品。

气象指数保险按照分类，可以分为单灾害险种、多灾害险种。常见的浙江省气象指数保险涉及的农业气象灾害主要有热带气旋（台风）、低温（冷害、霜冻、冻害）、暴雨、连阴雨、高温热害、干旱、风灾等。

单灾害险种：单一气象灾害的保险，如枇杷低温气象指数保险，主要针对低温枇杷花期及幼果期的冻害。

多灾害险种：多种气象灾害的且具有独立保额的气象指数保险，如茶叶综合气象指数保险，涵盖了茶叶高温、干旱、低温霜冻 3 种灾害。

1.6　气象指数与传统农业保险差别

气象指数保险与传统农业保险有明显的不同，主要表现在投保方式、理赔方式、理赔面积、理赔时效、理赔成本、防灾减灾积极性等方面。气象指数保险理赔时效高，成本低，能增加参保农户防灾减灾积极性，因气象指数保险具有客观性，同时也大大降低了农户与保险公司的纠纷与争议，这些方面较传统农业保险有诸多优势，是农户、保险公司、政府部门深受欢迎的保险模式。但气象指数保险也存在一些劣势，如存在基差风险等，气象指数保险产品设计是跨行业学科，需要气象、保险、农业等专业知识的综合应用。

参保农户、保险公司业务人员、政策性农业保险相关部门管理人员等需要对气象指数保险有较深的了解，应熟知气象指数保险产品的优势与劣势，参保农户能接受气象指数保险这种新型保险模式，允许基差风险的存在，气象指数保险才能提高承保量。下面就农业保险业务保险期限、理赔方式、理赔面积、理赔时效等 7 个方面，将气象指数保险与传统农业保险作比较，以便更好地了解气象指数保险模式。

1.6.1　保险期限

气象指数投保方式上与传统保险的不同之处之一在于气象指数往往有确定的保险时期，如某县（市、区）茶叶保险期限是 2 月 20 日—4 月 20 日。而传统农业保险参保期限较为模糊，如水稻保险的参保期限并没有明确的起保日期，一般要求是早稻在 6 月底前完成承保，终保日期为 8 月 20 日；单季稻终保日期一般为 11 月 30 日，晚稻终保日期为 12 月 15 日。

1.6.2 理赔方式

传统农业保险理赔方式是需要保险业务人员、农业专家等组成2～5人专家小组去现场查勘定损，并与农户进行沟通确认，农户需要提供气象证明、损失照片等证明。而气象指数保险只需保险公司去当地气象局统计约定测站的气象数据即可在较短时间内计算出理赔金额进行理赔，农户无须出具气象证明，气象指数保险无须保险业务人员去现场查勘定损。

传统的农业保险理赔方式：接受报案⇒现场查勘⇒立案⇒核定损失⇒理算与核赔⇒制作案卷⇒审批结案⇒支付赔款。

气象指数保险理赔方式：接受报案（气象灾害预警）⇒立案⇒气象部门获取数据⇒理算与核赔⇒制作案卷⇒审批结案⇒支付赔款。

1.6.3 理赔面积

传统农业保险是在对参保标的进行查勘定损后，只对实际有不同损失的田块进行面积分类统计。而气象指数保险是在理赔时，只要约定测站达到触赔标准，农户参保的所有面积均须赔偿。

如表1.1所示，100亩*参保作物，传统农业保险，按照实际定损，有5亩绝收，损失率100%，30亩损失率20%，剩余65亩无损失，按照15%费率、保额1000元计算，简单赔付率为73.3%。

表1.1 100亩参保作物传统农业保险损失理赔情况

	亩数/亩	损失率/%	保险金额/元	损失金额/元
绝收	5	100	1000	5000
部损	30	20	1000	6000
无损	65	0	1000	0
合计	100			11000
赔付率/%				73.3

气象指数保险是当约定的某个测站的气象数据触赔，依据理赔模型测算100亩的理赔金额，再按照约定测站的费率及保险金额计算出简单赔付率，全过程中的计算按照参保面积100亩计算。与传统农业保险的分损失率统计有所不同（图1.2）。

* 1亩≈666.67 m^2，下同。

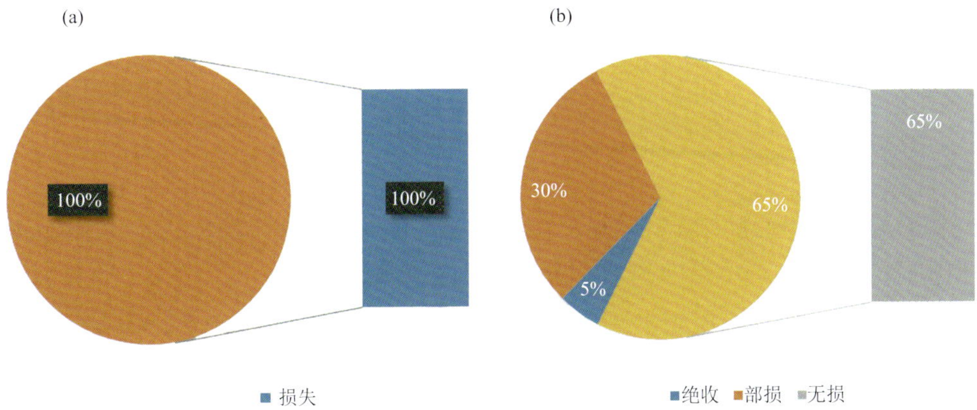

图 1.2　气象指数保险(a)与传统农业保险(b)参保作物理赔面积占比

1.6.4　理赔时效

传统农业保险在农户报损后,保险公司需上门查勘定损且与农户沟通理赔金额,具有主观性且需要一定时间。气象指数保险触赔后,只需取得约定测站的气象数据,具有客观性,一般在一个工作日内就能计算出该灾害的保险理赔金额,在理赔速度上大大高效于传统农业保险。

1.6.5　理赔成本

气象指数保险因无须保险公司组织专业技术人员查勘定损,大大减少了费用支出,降低了成本,使农户保险费支出也相应减少,达到共赢。

1.6.6　防灾减灾积极性

气象指数保险触赔后无须保险业务人员去实地查勘定损,农户通过防灾减灾增加的收入归农户所有,有利于增强农户防灾减灾的积极性。如温岭甘蔗热带气旋指数保险,在热带气旋影响后,通过约定测站的风力数据直接可计算出赔款,蔗农无须等保险公司上门查勘定损,在甘蔗倒伏前后迅速组织人员进行灾前防倒伏、灾后扶正抗灾工作,传统农业保险在甘蔗倒伏后因等保险业务人员上门查勘而失去了最佳的扶正抢救机会,气象指数保险模式促进了农户防灾减灾的积极性。

1.6.7　纠纷及争议

气象指数保险产品在保险之前已约定了赔付金额,当约定测站在保险期限内气象要素值与理赔模型的值对应时,理赔金额已经确定,无须保险公司与农户通过商榷的方式进行理赔,故减少了纠纷与争议。

在气象指数保险之前，保险公司必须对农户就保险产品宣导到位，让农户了解气象指数保险与传统农业保险的区别，接受气象指数新保险模式，更有助于降低参保农户与保险公司的纠纷。

第 2 章 气象指数保险

2.1 气象指数保险国内外发展概况

中国从 1934 年试行农业保险，在长达几十年的农业保险生产实践中，运行的是传统农业保险，费率粗糙，诱发了逆选择、道德风险，加上中国自然条件复杂，灾后需要大量的人力物力勘查定损，诸多农业保险产品在实践中也很少有成功的经验。国外大多数国家所采用的传统农业保险主要为成本保险和产量或产值保险，在费率区划上比国内精细很多，在一定程度上降低了逆选择与道德风险的发生，但仍存在中国农业保险经营中出现的各种弊病。

金融和技术等市场创新是解决传统农业保险存在问题并促进政策性农业保险发展的途径。国际金融保险界从 20 世纪 80 年代以来，先后开发了两个农业保险产品：区域产量指数保险和气象指数保险。无论是发达国家还是发展中国家，开展气象指数保险化解农业风险的例子有很多，南非、墨西哥、美国等采用降水指数保险降低旱涝灾害对农业造成的风险；美国采用气象指数保险分散高温热害和低温冻害对牲畜造成的风险，帮助美国农业减少污染、提高资源的使用；加拿大采用气象指数保险分散降低降雨造成的奶制品产出下降的风险，补偿高温带来的玉米和饲草种植利益损失的风险等；阿根廷采用气象指数保险分散化肥贷款由于天气的不确定性而带来的财务风险；南非的苹果合作社应用气象指数保险分散霜冻带来的苹果种植风险；印度农业保险公司在 2005 年采用总降雨量指数保险、降雨分布指数保险、误耕保险 3 种降雨指数保险产品降低干旱对主要农作物造成的风险，并根据降雨与经济作物产量的关系，开展咖啡生产降雨保险、芒果天气保险等主要经济作物的降雨/产量保险等（吴利红 等，2012）。

近年来，随着国发《国务院关于加快发展现代保险服务业的若干意见》（〔2014〕29 号）的发布，我国的气象指数保险得到了发展，先后有一些省份开发了气象指数保险产品并落地应用。

2.2 浙江省气象指数保险发展状况

浙江省丘陵山地占比 70%，气候及生态具有多样性，名优农产品丰富，但台风、暴雨洪涝、低温冻害、高温干旱等农业气象灾害频发，农业保险呼声很高，如茶叶等种植在丘陵山地的这些经济作物，传统的农业保险由于定损难、时效低，运行起来有困难，一般的保险公司无实力也没有积极性发展此类业务，因此，在2014年保险新国十条发布之前有关特色农产品的传统类保险产品也相对较少，浙江省气候中心指数类保险产品虽然在2009年前后有开发，但停留在理论阶段，未落地应用。

指数类保险产品定损方便，成本低，理赔时效大大提高，深受农户、保险公司、政府三方好评，尤其是气象指数保险，由于数据更为客观，产品供不应求。

浙江省气象指数保险产品自2014年以来从无到有，从一个县(市、区)试点到全面推开是一个稳步推进的过程，目前运行的多个气象指数产品性能稳定，保费规模逐渐递增，2021年超亿元，保障了多次极端低温、暴雨洪涝、台风等损失风险。尤其是2021年由于极端低温造成浙江温州、丽水等南部大部地区枇杷花果冻掉，几乎绝收，农户由于参加了枇杷低温气象指数保险获得保障，之后迅速恢复了生产。在多年的实践中，浙江的做法是这样的：

浙江省气象指数保险的可持续发展与政府相关部门、保险公司、参保农户坚持农业保险生产实践为第一基础，坚持浙江政策性农业保险的发展理念密不可分，自2014年以来，浙江气象指数保险产品的设计及应用，从试点到逐步扩大试点，各级农险办给予大力支持，管理部门、设计部门、业务部门重视实地调查，对产品严格把关、认真研究、反复测试。省、市、县各级气象部门也给予了农业保险气象指数产品的诸多服务支持。

浙江省每一款气象指数保险产品都是省、市、县各级农险办组织相关部门共同努力、反复验证的成果，6年来浙江省气象指数保险产品能稳定运行，成绩来之不易。

(1)重视基础调研，做接地气的保险产品

在浙江省各级农险办的支持下，浙江省气象指数保险设计先从需求调查开始，最初由农户与农险办、农户与保险公司之间的需求调查，经过农险办及保险公司与科研设计部门的交流，对需求调查进行初步的可行性分析，之后开展有科研部门、农险办各成员单位以及保险公司、农户代表等参加的会议调研、基地调查等工作，科研部门在调查中能获取大量的作物生产模式、参保户保险能力、科研所需的资料数据等第一手资料，目的是做接地气的、受欢迎的保险产品。

基础调研步骤：需求调查⇒可行性分析⇒实地调查⇒会议调查⇒基地调查。

(2)以点带面，稳步推进

自2014年浙江省首个茶叶低温气象指数保险产品在绍兴地区、安吉县试点成功，之后通过参保茶农与未参保农户之间的信息交流，气象指数保险犹如星星之火，在几年内逐步从1个试点县(市、区)扩大到整个茶叶主产区，气象指数保险产品也从1个作物逐步发展到10余个。这种以点带面的模式，一方面，取决于参保农户对气象指数保险的认可：自2014年以来，浙江省遭遇了2016年、2020年两次极端低温的大灾影响，对枇杷、茶叶、油茶等低温类气象指数起了很好的保障作用；

2017 年、2019 年、2021 年等梅汛期的严重持续阴雨灾害对杨梅产业造成了很大的影响，杨梅采摘期降水指数保险也迅速蔓延，覆盖了省内主产区，气象指数保险产品的可靠性得到了验证。另一方面，以点带面的方式，有利于新型保险模式的稳步推进，在推进中逐步让农户接受这种新型的保险模式，同时在推进中逐步发现问题、逐步完善。

浙江省以丘陵山地为主，小气候显著，为减少保险基差风险，浙江气象指数保险采取因地制宜、稳步推进的模式有利于气象指数保险的可持续发展。具体做法就是：开发一个气象指数保险品种先在一个县（市、区）试点成功，之后逐步在作物主产区的各个县（市、区）扩面，浙江省开展较早的气象指数保险如茶叶低温气象指数保险、杨梅采摘期降水指数保险、枇杷低温气象指数保险等品种已在几年内覆盖了浙江省主产区，在保障了多次极端低温冻害、梅汛期强降水等气象灾害的损失风险同时，农户对气象指数保险的认识和理解也逐步提升，农户之间口口相传，形成了积极参保的良好局面，对当地的名优农产品的产业发展也有很好的促进作用。

（3）产品精细化设计，保费规模逐年递增

浙江省气象指数保险立足于详尽的调查基础，加之浙江省在区域自动站布设上相对密集等优势，实现了指数保险的精细化设计，进行分品种、分海拔设计，如茶叶低温气象指数保险，按照茶树春季抽芽随着高度升高偏迟的规律，茶叶低温气象指数保险分为 A（早）、B（中）、C（晚）3 类品种，每个品种按照 300 m 以下、300（含）～500 m、500 m（含）以上 3 个高度，分 9 张赔付表，农户依照不同高度不同品种进行投保及理赔。精细的气象指数保险产品，可降低保险基差风险，投入运行后，保费规模逐年递增，从 2015 年的 400 多万元，至 2022 年超 1.2 亿元。

（4）产品稳定性强，杜绝纠纷

浙江省气象指数保险的开发重视保险产品的顺利运行，指数设计及保险理赔均基于客观的观测数据，因现有的农户理念上的局限性，现阶段未启用经过计算的网格化气象数据。所采用的气象要素主要集中于气温、降水、风三要素，与之相对应的农业气象灾害为低温冻害、高温干旱、暴雨洪涝、热带气旋、连阴雨等，冰雹等天气现象由于观测仪器和长序列资料的缺乏，现阶段还不适宜进行气象指数类保险的开发。另外考虑到现有气象观测站较难观测小尺度的强对流天气系统影响下的大风风力，目前仅开发了热带气旋影响下的风力指数保险产品，如甘蔗热带气旋风力指数、油茶热带气旋风力指数等。

此外，对于约定测站均有备份测站予以保障，气象数据必须经过审核后再予以服务，切实做到准确无误，杜绝由于方案问题导致产品合同中断等现象发生。

（5）加强宣导，放心投保

气象指数保险产品研发后，经过各级农险办的审核及论证，不断完善，同时保险部门需加强对农户参保前的宣导，让农户明明白白参保、放心投保。

2.3 气象指数保险产品设计原理

农业保险的主要保险责任是气象灾害，农业保险与气象灾害关系密切。气象灾害可以由气象指数去表征其对农作物等损失强度大小，而气温、降水、风等气象要素是构建气象指数保险的基础单位，以某一个农产品为例，建立气象指数与农产品由于气象灾害造成损失的定量关系，就可以在灾害发生后，利用气象资料计算出该农产品的损失情况。

气象指数保险是将气候因素指数化，将气象指数与农产品由于气象灾害产生的损失率建立定量关系，当气象指数达到对应的风险临界值时，保险合同以气象指数为指标，给予投保人相应的赔偿。

$$W=\begin{cases}0 & x<x_c\\ f(x) & x\geqslant x_c\end{cases}$$

式中：W 为事先指定区域的保险指数；x 为气象要素值；$f(x)$ 为气象指数损失金额；x_c 为气象灾害事件风险临界值。

可以直观地认为，气象指数保险就是看保险合同里面气温、降水、风力等气象要素值是否超过了事先约定的临界值，当超过临界值时，这些气象要素的值经过保险条款中理赔模型的换算，就可以直接知道理赔金额了。可以简单地理解为气象指数保险理赔，就是看约定的气象要素值的大小(图 2.1)。

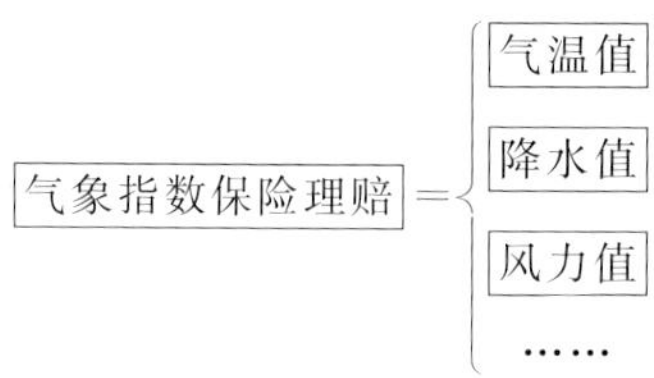

图 2.1　气象指数保险理赔直观图

气象指数保险产品设计及理赔流程：

气象要素因子选择⇒构建气象指数⇒建立灾损定量关系⇒灾后获取气象数据⇒判断约定临界值⇒计算损失金额⇒赔偿损失

因气象指数保险运行中已通过约定测站的气象要素值计算出灾后参保农产品的损失情况，因此，气象指数保险在大灾后无须保险公司去基地查勘定损实际的农作物受损情况。保险公司只要去当地气象局获取约定测站的气象数据，通过简单的计算，就可以获得每个农户的理赔金额。因气象指数保险的赔付省略了保险公司对实际农产品损失的查勘定损，鼓励农户做好对参保农产品灾前灾后的防灾减灾工作，减小了产量的损失。如参保农产品甘蔗倒伏后第二天，农户就可以组织力量扶正，或者在灾前采取一定的固定措施防止倒伏，都是减少甘蔗产量损失的方法，气象指数保险产品运行后大大增加了农户防灾减灾的积极性。

2.4 设计工作流程

一个气象指数保险产品的完成及运行需要农业、财政、保险、气象等多部门联合，一些省份成立了由相关部门组成的政策性农业保险协调办公室，如浙江省政策性农业保险工作协调小组办公室(简称“农险办”)。在农险办的领导下，农业、气象部门提供参保作物等生产数据及气象数据，其他部门也提供产品所需开发数据支持。

在已经有当地财政可以支持的情况下，政策性气象指数保险产品的开发需要多个步骤，从最开始农户的需求调查开始，一般需求调查由保险公司及农险办完成，保险公司需要进行大量的实地调研，收集种植面积、种植区域、产量、历史损失等资料，之后由设计部门分析农产品气象指数保险产品设计的可行性。在确定农产品符合气象指数保险设计的可行性后，由设计部门进行气象指数保险构建理赔模型，最终确定保险费率，多部门完成保险合同的设计，之后还要经过论证、完善、农户宣导、参保、理赔等步骤才能完成实施。流程总结如下：

获取需求(保险公司、农险办)⇒需求可行性分析(科研机构等)⇒调研(会议调研、基地调研)⇒构建气象指数保险⇒完成基本合同⇒论证⇒宣导⇒参保⇒理赔

2.4.1 保险需求收集与分析

提出气象指数保险开发需求的用户，一般为农户、保险公司、当地政府相关部门(在浙江主要是各地的农险办)等。气象指数保险产品牵涉到数据及相关技术，一般由保险公司、气象等部门完成或联合完成。

保险公司、农险办或农业部门也多是在调查中获取农户的需求反映而提出开发需求的。通常是参保农户在农产品遭受重大气象灾害有了巨大损失后向当地农险办或保险公司、农业管理部门等提出要求参加气象指数保险的需求，提出的需求一般可行，但农户对作物受哪一种气象灾害影响造成产量损失的认知仍有很大的主观性，因此在获取需求开发指数之前，需对保险需求进行可行性调查分析。

如 2020 年浙江春茶产量损失量为 30%以上，当年春季低温不严重，后续分析，发现秋冬连旱是导致春季茶叶减产的重要原因，但农户的需求是参保春季低温保险。如山核桃，调查表明，山核桃主要受花期连阴雨、梅汛期暴雨等影响比较大，当时农户要求为山核桃的高温干旱保险，在经过气象、产量等数据分析之后发现，即使在 2013 年这样的高温干旱极端天气很严重的情况下，临安山核桃的产量损失不大。后调查发现，临安山核桃 80%种植在海拔 500 m 左右的山区，气温相对较低，同时山核桃抗旱能力很强，只有 20%的山核桃种植在低海拔地区，在一个县里面，开发山核桃高温干旱只适合 20%产量区域的气象指数保险显然不适合。

保险的需求分析，必须收集大量的实地调研，有了长序列的气象、产量数据等才

能作出准确的分析。因此,并不是所有的农产品都适合气象指数保险,需要分析后才能确定某个产品是否适合开发。

2.4.2 实地调研

实地调研分为两种方式:一种是会议调研,另一种是基地调研。

会议调研,主要是由当地政策性农业保险政府管理部门组织召开多部门的联合会议,主要是给设计部门提供基本情况,以浙江为例,参加的部门主要由农险办成员单位及农户代表,主要在会上确定保险产品的一些参数,如保额、保费补贴等。此外,可以让设计部门了解参保区域农产品种植情况、灾害损失情况等。会议调研的另一个目的就是让成员单位了解气象指数保险的内容、优势及存在的问题等。通过这样的会议调查,还可以了解农户参保的积极性及参保能力。这些调查对气象指数保险产品的设计尤为重要。

基地调研,主要通过走访农户及其种植基地,收集参保农产品基础数据,包括农产品种植面积及分布、多年产量资料、灾情资料调查及收集、农产品生育期的变化规律、气象资料的收集。

2.4.3 气象指数保险产品的构建

气象指数保险产品的构建,主要是确定保险期限、设计气象指数、构建理赔模型、厘定费率等保险内容。

气象指数的构建,主要是确定造成农作物受灾的气象要素变量与损失之间的定量关系,一般可以通过前人研究、调查、数据分析、统计等方法建模获得。

依据理赔模型计算获取历年损失率,通过概率分布或平均损失率等方法,在保险公司留取成本计算后,可计算费率。

为确保农业保险可持续运行,一般在费率运行机制中,一些保险产品会在外围增加保险费率浮动机制,这是应对农业保险可持续运行较好的办法之一,在巨灾的年份,可以给保险公司适当提高第二年的费率,在小灾或无灾的年份,适当给农户降低费率,以保障农户可以持续投保,保险公司也可以正常运行保险产品。例如,在某公司茶叶低温气象指数保险产品中,有保险公司的费率浮动机制,如表 2.1 所示。

表 2.1 费率浮动表

赔付情况		费率浮动系数
上浮	上一保险期间赔付率≥100%	1.2
	连续两期赔付率≥100%	1.4
下浮	上一保险期间赔付率≤40%	0.8
	连续两期赔付率≤40%	0.7

2.4.4 合同建立

设计部门完成核心保险内容气象指数构建后，由农险办组织当地相关单位及农户讨论，并经组织论证，进行完善。

之后可以加入其他条款，如对种植规模、种植要求等方面保险公司固有的条款，建立完整的气象指数保险合同。

2.4.5 宣导服务

气象指数保险产品是近年来的一种创新产品，在我国运行时间并不是很长，2015年以后才陆续有规模地开展，与传统的保险产品存在很大的不同，在承保前，农险办及保险公司必须要组织力量，对农户进行宣导，让农户了解气象指数保险产品的特点是什么。

2.4.6 理赔服务

与当地气象部门进行良好的业务沟通，包括保险期限、气象要素及其具体时次等，为确保准确性，保险业务人员除了口头解释外，还要把释义上定义的文字信息交给气象部门数据查询人员验证。

一些通过互联网进行投保及理赔的气象指数保险，虽然在理赔上存在快速性的特征，但为确保准确性，不能与气象数据进行实时对接，必须给气象数据留出质量控制时间。

2.5 气象指数保险内容释义

在气象指数保险中，常见的专用名词释义如下：

保险期限：保单生效的开始与结束时间。一般与参保农作物的关键生育期、遭受的气象灾害所发生的时间段等相关，也可以依据农户需求约定。如杨梅采摘期降水指数保险平原地区东魁品种的参保期一般是 6 月 15—30 日，各参保区域可以依据当地的品种、生育期适当变动。

保险金额：指保险人承担赔偿或者给付保险金责任的单位量的最高限额。如茶叶低温气象指数保险，保险金额为 1500 元/亩，表示在保险期内，当发生低温灾害时，最高的赔偿金额为 1500 元/亩。

理赔模型：是气象指数保险中当发生气象灾害触赔后赔付金额的约定表或公式，包括了临界阈值及超过阈值后的赔付办法，存在多种形式，可以用表格、公式等形式。面对参保农户，简单明了的理赔模型是设计原则。在模型中，一般依据保险金额，常将理赔模型中的损失情况直接换算为理赔金额。

保险规则:是在保险理赔时需遵循的保险规定。一般包括几个部分:参保条件规定、气象部分的约定测站及理赔的规则等。

费率:单位纯保费占保险金额的比率,是保险费率的主要组成部分。

$$费率=保费/保险金额\times 100\%$$

约定测站:指气象指数保险产品在参保中,保险公司与农户约定赔付的气象测站。

2.6 气象指数保险存在问题

中国地形复杂,特别是南方以丘陵山地为主,小气候差异大,如采用指数保险会出现较大的基差风险,因此指数保险在中国基本可行,但必须结合实际进行不断完善。

基差风险是气象指数保险存在的最大问题、全世界的通病,只能通过技术手段去降低但无法避免。其最为显著的是空间基差风险,由空间尺度气象要素分布的差异引起,即保险赔付与实际损失存在一些误差,主要是由于参保标的地域不同、管理模式不同等因素导致。地域不同,气候不同,土壤情况等也不同,还会影响农作物生育期之间的先后差异。

而气象站的设置上不可能与参保标的的风险百分之百一致,虽然气象上可以采用气象网格化数据等技术更靠近参保区域的实际气象风险,但这些研究落地到实际应用,现阶段农户接受上存在一定困难,因为网格化数据存在主观性、复杂性、误差,也有可能导致农户与保险公司纠纷增多。气象指数保险试点阶段,国内气象指数保险依然停留在客观气象站的约定上。尤其浙江以丘陵山地为主的地方,垂直气候明显,如茶树、枇杷等保险品种,一个农户的种植区域,海拔在100～500 m,南坡、北坡、洼地、山顶等地形存在着风险不等的区域,有些低洼区域低温发生的风险特高,而目前气象站分布密度远不能覆盖参保区域的整个风险性,存在明显的基差风险。

基差风险可分为乡镇级别、县级别、地市级别等(图2.2)。气象指数保险在运行过程中会遇到以下问题,属于气象指数保险固有的问题,保险公司在宣导上应该对参保农户给予明确告知。

(1)损失不同,赔付款相同

两个参保农户约定同一个气象站,所缴保险费一样,但由于农户标的所处地域不同导致气候、土壤环境、管理模式等不同,会导致生育期不同及抵御灾害的能力不同,即存在不同的损失风险,但他们最终获得的赔偿一样。即损失不同的农户最终获得了相同的赔偿。

(2)约定测站与参保区域风险存在差异

存在约定测站与参保区域损失风险不同的情况,以杨梅采摘期降水指数保险为

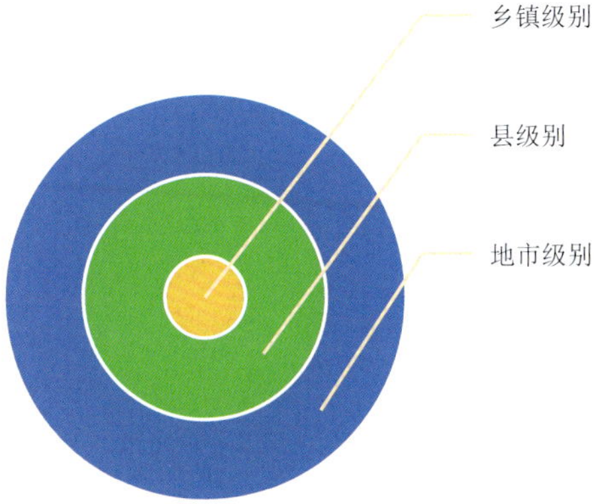

图 2.2　基差风险级别

例，一般一个县只约定一个国家气象站作为理赔标准，即存在约定的气象站降水量大于、小于或者等于参保地的降水量及雨日情况，而最终结果是全县（市、区）以约定的同一个气象站降水进行理赔，存在比参保区域损失偏大、损失偏小的情况，即存在一定的损失差异。

(3)不适宜种植区域与约定测站的风险差异

由于种植的盲目性，一些作物种植在高风险区域或者较不适宜种植的地方，导致该区域作物产量年年损失，约定测站一般不代表这些区域的风险情况，因为这些区域的约定测站往往费率会非常高，失去了保险的意义，财政也不适合支持，存在这些区域的农户因为损失未受到理赔的现象。

(4)丘陵山地距离相近的测站也不一定能代表局地小气候

即使在与参保标的很相近的地方，由于存在海拔差、逆温层、坡向等原因导致的小气候现象，即使一个测站与参保标的距离很相近，也不能完全与此地的风险完全一致。只有当作物种植风险与测站风险相一致时，才能大大降低基差风险，这是未来气象指数保险产品设计努力的方向。

(5)存在保险责任较为单一现象

气象指数保险一般的保险责任只有一种灾害，保险责任比较单一。如温岭甘蔗热带气旋风力指数只承担有台风影响期间的大风影响，其他强对流及冷空气大风不在保险责任范围内。

(6)气象灾害的发生存在极端性及不确定性

气象灾害的发生有其平均态，如浙江省平均影响台风 3.3 个、登陆台风 0.67 个，而 2012—2018 年少有强台风发生，但并不意味着今后没有强台风发生，如 2019 年发生了台风“利奇马”。

2014—2017 年历年春季茶叶低温发生频繁，但 2019—2021 年春季低温不明显，导致赔付率降低，农户参保率逐年降低，但不意味着春季低温就此消失，2022 年、

2023年春季低温灾害又开始有加强的趋势。

2020年、2021年为凉夏，诸暨香榧高温干旱参保农户越来越少，但2022年发生历史罕见高温干旱，导致诸暨香榧几乎全保额赔偿。

(7)宣导及培训不足

气象指数产品由于技术性强，是跨越多部门的学科，包含了农业、气象、保险等多学科技术融合，目前存在技术培训、宣导上的不充分或不深入，使农户对气象指数的产品缺乏较深的了解，导致少量纠纷发生。

2.7 气象指数保险运营宣导细则

该细则主要为保险公司业务人员在宣导气象指数保险时参考使用。在进行宣导时，要从气象指数保险特点、气象指数条款介绍、理赔细则3个方面进行宣导。可以通过会议宣导、逐户宣导等方式，逐步使参保农户了解气象指数保险产品。

气象指数保险业务宣导流程：

气象指数保险特点⇒气象指数条款介绍⇒理赔细则

2.7.1 气象指数保险特点

参考1.6节内容介绍气象指数与传统农业保险的区别，重点介绍气象指数保险的优点。参考2.6节介绍气象指数保险存在的问题，重点介绍存在基差风险。明确告诉农户，基差风险是气象指数保险产品客观存在的，不能避免。详细介绍基差风险存在几种可能性。

以下是气象指数保险的8个特点(图2.3)：

①不定损。只是用约定气象站的气象数据进行理赔，无须上门查勘定损。

②防灾收益归农户所有。防灾减灾获得了参保作物损失的减少，收益归农户所有，促进了防灾减灾。

③无须提供气象证明。气象指数保险一般在灾害后，保险公司可在当地气象局获取气象数据证明，参保农户无须提供气象证明。

④确定的保险期限。要明确告知参保农户保险开始及结束时间。如茶叶低温保险的保险期限一般为2月21日—4月20日。大部分气象指数保险产品在保险期限结束后统计理赔，如枇杷低温、杨梅采摘期降水指数保险等产品；当一个保险期限内可以赔多次的气象指数保险产品，如茶叶低温气象指数保险，保险公司一般都在每次灾害后应有提醒，是每次灾害后理赔还是保险期限结束后理赔，保险公司与农户在宣导时要有一定的约定。

⑤理赔面积全赔。承保面积触赔后，全部面积按照约定测站气象要素值理赔，与传统农业保险的局地损失理赔不同。

⑥低保障。现阶段保额确定普遍较低，基本为物化成本保险，理赔金额与实际损失金额有差异。气象指数产品目前施行的保额是成本保险，非实际经济损失保险，与农户在保险需求上有一定的差距。

⑦客观定损。气象指数保险产品是依据气温、降水等气象要素值进行理赔，不存在主观性的定损理赔。

⑧存在缺点。气象指数保险产品存在的问题就是基差风险。所谓基差风险，就是实际损失与理赔上存在一定的差异，这主要由参保户的种植区域不同导致的小气候不同所导致，也与管理水平相关。尤其是本来种植风险很高或者不宜种植区域，参保后实际损失与赔偿金额存在一定差距。

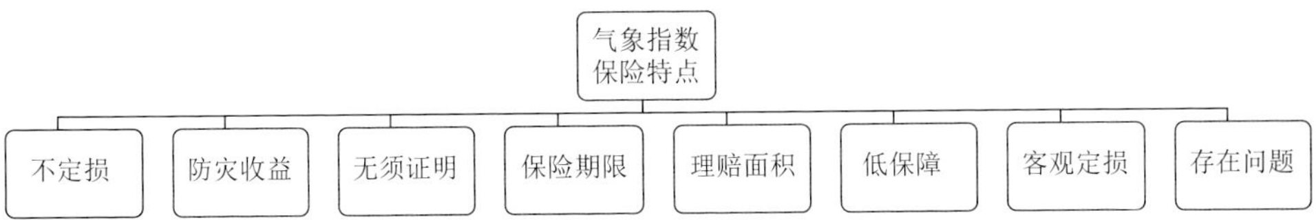

图 2.3　气象指数保险特点

2.7.2　气象指数条款介绍

一是非气象部分，主要是参保条件、保费及补贴、出险时需要的一些手续、如何理赔到账等。

二是气象部分的条款，包括保险期限、约定的灾害及气象要素，以及条款中的释义等。

2.7.3　理赔细则

详细介绍气象理赔规则、理赔模型、如何选择约定气象站（哪个乡镇、海拔等参数），重点举例说明如何计算获得赔款，并给农户浏览近年来该理赔模型下计算的理赔金额作为参考。

第3章 农业气象灾害简介

3.1 概况

3.1.1 浙江省主要气象灾害

浙江省地处东南沿海，受西风带天气系统和低纬度东风带天气系统的共同影响，季风气候特征明显，台风、高温、干旱、暴雨洪涝、低温冻害等气象灾害时有发生。春夏季强对流天气多发；夏季多暴雨、高温干旱及台风灾害影响；冬季受寒潮和强冷空气的频繁影响，常有低温雨雪冰冻天气。浙江省是全国气象灾害最严重的省份之一。

据统计，浙江省气象灾害及其次生灾害占自然灾害损失的90%以上。受全球气候变暖影响，浙江省极端气象灾害频发，气象灾害影响的人口总数和经济总量越来越大。

根据《浙江省自然灾害综合风险评估与区划成果技术报告》中统计的浙江省1978—2020年灾情资料表明：浙江省每年因台风、洪涝、干旱、风雹、低温冷冻、雪灾等气象灾害而导致的农作物受灾面积平均逾86.92万 hm^2，占总灾情的99.86%。其中台风灾害致使农作物受灾的面积最大，占40.42%；其次是洪涝灾害，占农作物总灾情面积的29.46%；干旱占22.27%；风雹占2.91%；雪灾占2.65%；低温冷害占2.15%（图3.1）。从各灾种导致农作物绝收面积占比来看，导致农作物绝收的主要灾害有台风、洪涝和干旱，台风占比42.84%，洪涝占比34.47%，干旱占比18.66%。其中海洋灾害和地质灾害占比最小，分别为0.18%和0.07%（图3.2）。

在全球气候变化背景下，极端气候事件频发，自然灾害尤其是农业气象灾害发生的频率和强度有加剧的趋势。与此同时，随着农业生产的规模化、专业化和区域化，以及农业投入的增加，农业生产的风险随之增大，且变得更为集中，灾害的破坏力及其所造成的经济损失也愈来愈大。因此，对于保险公司和政府的许多部门来说，掌握农业气象灾害风险水平是进行有关决策的重要依据。

3.1.2 气象灾害与农业保险的关系

农业保险产品涵盖传统农业保险产品与气象指数保险产品，99%以上产品的保

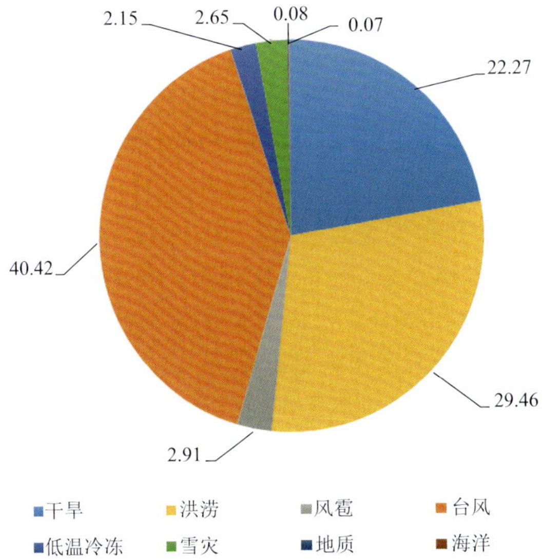

图 3.1　各灾种导致农作物受灾面积占比(%)

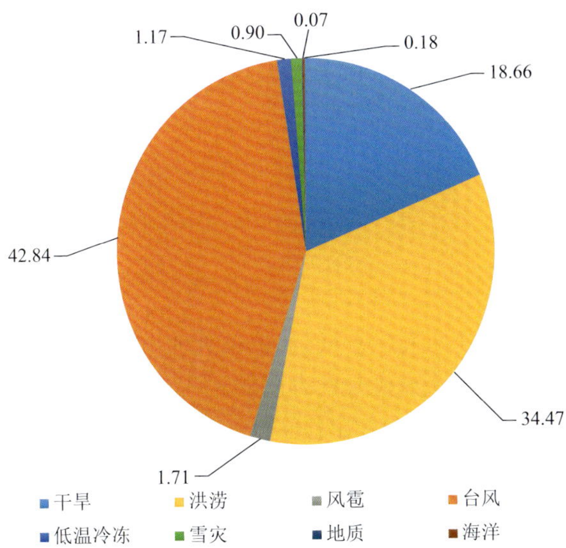

图 3.2　各灾种导致农作物绝收面积占比(%)

险责任均为农业气象灾害。浙江省常见的农业气象灾害有台风、暴雨洪涝、大风(风雹)、高温、干旱、低温、霜冻、倒春寒和连阴雨等。

农业保险在险种设计、灾中预警防灾减灾、灾后理赔均离不开气象技术的支撑。气象指数保险在设计时,建立了参保标的产量损失与关键性农业气象灾害之间的定量关系，确定理赔模型。依据农业气象灾害指标与农作物灾害损失之间的关系，利用天气预报可以在参保标的受灾之前进行预警(吴利红 等，2012)。在灾中预估损失情况，对保险公司理赔资金的准备有很好的技术支持。灾后依据气象数据评估实际损失，为理赔方案确定提供有力依据。如浙江省在2007年"罗莎"台风后，全省32个试点县(市、区)2/3以上参保水稻出现大面积的受淹及倒伏，政府及保险公司均遇到上述理赔困难，造成了多赔、慢赔，农民因等保险公司上门定损而出现水稻受灾后无人管理等现象。水稻保险理赔指数建立后，在2009年11月的余杭区大暴雨过程中得到应用，在5 d内制定了理赔方案，整个大灾理赔一个月时间就基本处理完毕，不但理赔时效大大提高，且杜绝了部分农民的道德风险，使理赔成本降低100多万元，赔付效率较2007年"罗莎"台风有了很大提高。

气象服务在农业保险工作中的重要作用已受到政府及有关部门的高度重视，同时对气象服务提出了更高的要求。该项工作是气象部门在拓展气象灾害风险管理领域，以及在公共气象、安全气象、资源气象中的一个重要举措，也是新农村建设中气象部门如何发挥作用的重要措施。正确评估浙江省气象灾害风险，以及定量评估气象灾害对农业的损失，对农业保险险种的设计、保险费率区划以及灾后理赔效率的提高十分重要。气象灾害预警为农业防灾减灾作出了很大贡献，减少了保险公司赔付金额，有助于农业保险的可持续发展；尤其是气象保险指数的设计，是彻底改变传统农业保险模式，解决农险经营中存在的理赔成本高、时效低及道德风险高等弊病最有效的手段。

3.2 热带气旋

3.2.1 热带气旋定义

台风是热带海洋上形成的气压极低、风速极大的一种急速旋转的强烈涡旋(气象上称之"热带气旋")，在北半球沿逆时针方向旋转，在南半球沿顺时针方向旋转。

1989年开始，为与国际接轨，采用了国际通用标准(表3.1)，按照中心风力大小进行命名：底层中心附近最大平均风速<17.2 m/s(风力<8级)的热带气旋称为热带低压，按照表3.1所示的风力大小，逐级定义了热带风暴、强热带风暴、台风、强台风、超强台风。

在农业保险上，根据以往习惯和历史资料的连续性，将热带风暴(风速≥17.2 m/s)及其以上级别统称为台风，这也与千百年来人们的俗称相同，在条款制定时，尤其是传统农业保险的台风责任释义时，要注意切不可按照热带气旋中心风速≥32.7 m/s来定义台风，台风的释义(表3.1)应定义为：热带风暴(含)级别以上的热带气旋，即指中心附近最大风力在8级(含)～9级，即风速在17.2 m/s(含)以上的热带气旋，包括热带风暴、强热带风暴、台风、强台风和超强台风。

表 3.1 热带气旋等级划分

热带气旋等级	底层中心附近最大平均风速/(m/s)	底层中心附近最大风力/级
热带低压	10.8～17.1	6～7
热带风暴	17.2～24.4	8～9
强热带风暴	24.5～32.6	10～11
台风	32.7～41.4	12～13
强台风	41.5～50.9	14～15
超强台风	≥51.0	16 或以上

3.2.2 热带气旋影响时间界定

据多方论证，在保险中，比较合理的热带气旋对参保区域影响时间的界定一般是以当地气象台台风预警信号为准。

热带气旋影响起止时间定义为以当地气象台台风预警信号的发布和解除时间为准，即预警发布之日为参保起始时间，取消之日为终止参保时间，保险期限为发布与终止的时间间隔。当多个热带气旋影响时间有重合时，算作一个热带气旋影响过程。

3.2.3 热带气旋影响要素及危害

热带气旋所带来的影响主要是风雨强度、持续时间及风暴潮造成的综合影响。台风暴雨可以引起洪涝灾害，甚至会引发山洪、泥石流和滑坡等次生灾害，不但使农作物遭受灭顶之灾，还会使农业耕地土壤质量下降，影响农作物生长。台风大风会导致作物倒伏或设施大棚摧毁。台风风暴潮有时会引发海水倒灌，引起土壤中含盐量升高，导致一些农田受害后难以恢复甚至废耕。

一般农作物在台风影响下设计气象指数保险中主要采用风、降水量两种气象要素，台风过程雨量、过程最大日雨量、过程最大 3 h 雨量、过程最大 6 h 雨量、过程最大 12 h 雨量、过程暴雨日数、过程最大风速、过程极大风速等都是气象指数保险的代表性因子。10 级以上大风，常会引起果树落果，水稻、甘蔗等作物倒伏等。日降水量≥100 mm，尤其是过程降水量≥200 mm，常会引起洪水、山洪暴发，冲毁海塘堤坝、淹没良田等重大灾害。不同作物对风、雨的抗击能力不一样，在设计中应分别对待。

3.2.4 影响浙江的热带气旋概况

1949—2022 年，对浙江产生直接影响的台风有 247 个，年均 3.3 个，其中登陆台风 50 个，年均 0.67 个。每年 5—11 月台风都可能影响浙江，主要发生在 7—9 月（图 3.3），期间登陆浙江的台风个数占总数的 93%。由于浙江独特的地理位置，登陆台风强度普遍强于广东、海南、福建等省份。登陆浙江的台风中，共有 27 个台风（占总数的 55%）登陆强度在 12 级以上，其中包括 3 个超强台风，即 5612 号“温黛”台风、0608 号“桑美”台风和 1909 号“利奇马”台风。其中 2006 年登陆浙江的台风“桑美”是 1949 年以来登陆我国大陆最强的台风。

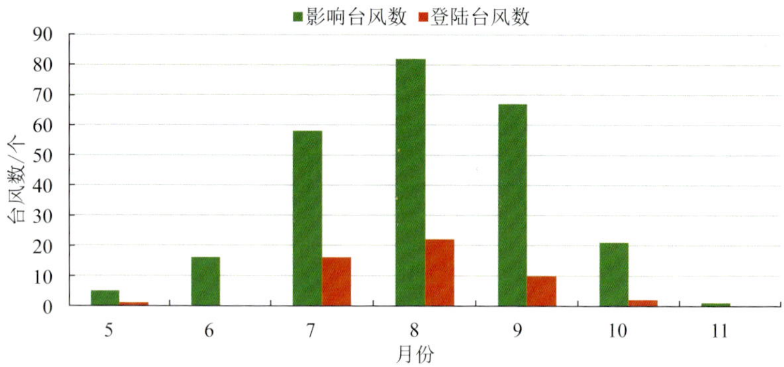

图 3.3 浙江 1949—2022 年 5—11 月影响与登陆台风数平均分布

受全球气候变化影响，21 世纪以来登陆浙江的台风呈现偏多增强的特征。一是登陆台风个数增多，2000—2022 年登陆浙江的台风共有 19 个，年均 0.83 个，超过平均值；二是登陆台风的中心风力增强，20 世纪七八十年代登陆浙江的台风平均中心风速分别为 31.1 m/s、31.4 m/s，2010 年以来平均中心风速为 38.4 m/s（图 3.4）。三是强台风登陆风险较高，2004 年以来登陆浙江的台风中，属强台风或超强台风等级的就有 8 个，分别是“云娜（0414）”“麦莎（0509）”“卡努（0515）”“桑美（0608）”“韦帕（0713）”“海葵（1211）”“利奇马（1909）”“梅花（2212）”。四是登陆台风的路径更加复杂，“烟花（2106）”于 7 月 25 日在舟山普陀区登陆，26 日在嘉兴平湖沿海再次登陆，为有气象记录以来首个两次登陆浙江的台风，也是 1949 年以来首个登陆嘉兴的台风。

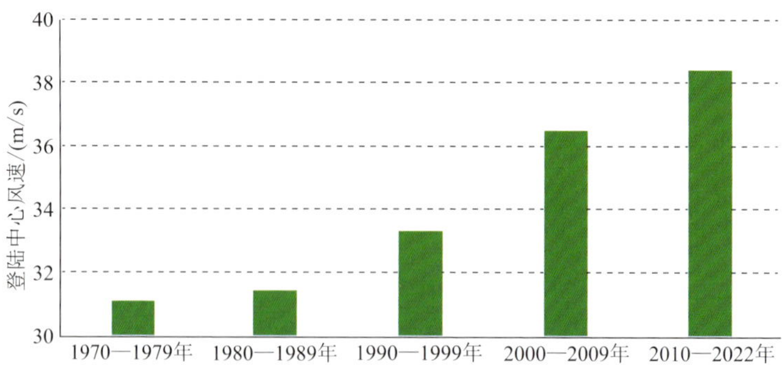

图 3.4 1970—2022 年登陆浙江台风的平均中心风速

历史上，登陆浙江并造成特重灾情的台风有“温黛”(5612)、“利奇马”(1909)、“弗雷德”(9417)、“芸妮”(9711)、“云娜”(0414)、“桑美”(0608)、(6126)、“麦莎”(0509)、“卡努”(0515)、“海葵”(1211)等，还有在福建沿海登陆对浙江的综合致灾等级也达到特重级别的台风有“菲特”(1323)、“紫罗兰”(6214)、“苏迪罗”(1513)等。

(1)2006 年“桑美”：1956 年以后登陆浙江最强台风

超强台风“桑美”于 2006 年 8 月 10 日 17 时 25 分在浙江苍南登陆，登陆时中心气压 920 hPa，近中心最大风力 17 级。受“桑美”影响，东南沿海地区和浙南大部地区出现 10～12 级局部 14～17 级大风，苍南霞关风速 68.0 m/s；浙南地区出现暴雨到大暴雨，部分地区特大暴雨，苍南昌禅过程雨量 606 mm。

(2)2013 年“菲特”：1949 年以来 10 月登陆我国大陆最强的秋季台风，降雨强度为历史影响浙江台风第一位

“菲特”虽在浙闽交界(福鼎沙埕镇)登陆，但大风、强降水主要出现在浙江省境内，后期还与冷空气结合，给浙北带来特大暴雨。“菲特”影响期间，多个测站阵风超过 17 级，石砰山风速达 76.1 m/s，破浙江省瞬时大风历史纪录(前纪录“桑美”68.0 m/s)。过程雨量全省平均 207 mm，有 43 个测站超过 500 mm，天荒坪达 1056 mm。

(3)2019 年“利奇马”：1956 年以后登陆浙江综合致灾强度等级最高的台风

“利奇马”于 2019 年 8 月 10 日 01 时 45 分前后在浙江省温岭市城南镇沿海登陆，登陆时中心附近最大风力 16 级(52 m/s，超强台风级)，中心最低气压 930 hPa。台风中心先后穿过浙江台州、金华、绍兴、杭州和湖州，在浙江滞留 20 h。极大风速最大为温岭石塘镇三蒜岛的 61.4 m/s(17 级以上)，北雁荡山区、临安西北山区等地 3 h 雨量达 120～200 mm，6 h 雨量达 200～300 mm，降雨强度超百年一遇。

(4)2021 年“烟花”：1949 年以来首个两次登陆浙江的台风

“烟花”于 2021 年 7 月 25 日 12 时以台风级在舟山普陀区登陆，7 月 26 日 10 时在嘉兴平湖沿海以强热带风暴级再次登陆，26 日 17 时离开浙江进入江苏。“烟花”为有气象观测记录以来首个两次登陆浙江的台风，也是 1949 年以来首个登陆嘉兴的台风。“烟花”移速异常缓慢，影响浙江长达一周之久，为 1949 年以来之最；累积雨量大，余姚大岚镇丁家畈自动气象站过程累积降水量达 1034 mm，破浙江省历史登陆台风单站纪录。除浙北部分县(市、区)出现较严重洪涝灾害外，全省灾害损失总体偏轻。

3.2.5 热带气旋致灾危险性评估

致灾危险性是指当气象过程异常或超常变化达到某个临界值时，给经济社会系统造成破坏的可能性。根据最新评估结果《浙江省气象灾害综合普查技术报告》指出：

浙江的东部地区暴雨危险性较高，其中四明山—括苍山—雁荡山一带山区及邻近区域危险性高，另外位于浙西北的天目山区一带局部危险性也较高。

大风危险性距海岸线越近危险性越高，呈东高西低分布，危险性较高区域主要分布在浙江东部，其中舟山、宁波东部、台州东部、温州东部等区域危险性高。

综合而言，浙江沿海地区台风综合危险性普遍较高，其中温州大部、台州大部、宁波东部南部及四明山区、舟山地区危险性高，杭州南部、金华西部、衢州、丽水西部危险性低。

3.3 暴雨洪涝

联合国气候变化专门委员会(IPCC)第六次评估报告指出：全球观测降水和强降水事件具有明显增加的趋势。

暴雨是引起流域洪水、山洪、滑坡、泥石流等次生灾害的主要因素，能冲毁农田，使作物受淹，对农业有重大影响。

洪涝指因大雨、暴雨或持续降雨使低洼地区淹没、渍水的现象，主要危害农作物生长，造成农田被淹被毁，农作物减产或绝收。

持续性暴雨致使山洪等次生灾害频发，鱼塘、果园、大棚设施受淹或被冲毁，农业和渔业生产受损。

此外，持续强降雨和多雨寡照还会影响蔬菜水果产量和品质，致部分作物生育进程推迟、病虫害滋生蔓延，破坏农业生产。

3.3.1 暴雨相关术语及定义

气象上把 24 h 降水量≥50 mm 称为暴雨，24 h 降水量≥100 mm 为大暴雨，24 h 降水量≥250 mm 为特大暴雨。

单站暴雨日：一般情况下，以单个国家级气象观测站 24 h 内降雨量≥50 mm 的降雨日称为单站暴雨日。根据《降水量等级》(GB/T 28592—2012)中的定义：一般把气象站点雨量观测 24 h 累积降水在[50 mm，100 mm)称为一个暴雨日；24 h 累积降水在[100 mm，250 mm)称为一个大暴雨日；24 h 累积降水≥250 mm 称为特大暴雨日。此外，也可将 24 h 降水量≥50 mm 统称为一个暴雨日。

单站暴雨过程：单站暴雨日持续天数≥1 d 的或者中断日有中到大雨，且前后均为暴雨日的降水过程。

暴雨过程开始日/结束日：暴雨过程首个至最后一个暴雨日。

依据《浙江省气象灾害调查与风险评估实施技术细则》规定：

浙江省区域性暴雨日：浙江范围内有 5%(或 4 个)或以上彼此站距≤300 km 的国家气象观测站日降水量≥50 mm 为一个区域性暴雨日。

浙江省区域性连续暴雨过程(持续天数≥2 d)：在该连续暴雨过程时段内，必须有一个连续 3 d 内至少出现 2 d(可连续也可中断不连续)每日达到区域性暴雨日标准，两个区域性暴雨日之间允许存在某一日未达到区域性暴雨日的标准，但该日应满足如下条件之一：

(1)中断当日至少 1 站日降水量达暴雨及以上量级；

(2)或中断当日至少 5%(4 个)的站点日降水量达大雨级别(≥25 mm)及以上量级；

(3)若在这 3 d 前或后的其他天数中满足省内每日大雨级别国家站数达≥4 站，则该过程相应延长，直到<4 站为止。

以符合上述过程开始的日期为区域性暴雨过程开始日期，当区域性暴雨过程开始后，单日监测区内出现不满足上述判定条件首日的前一日为该过程结束日期。

3.3.2　浙江暴雨概况和特征

浙江省是暴雨多发省份，洪涝灾害频繁，几乎年年发生。暴雨主要发生在梅汛期及台汛期。梅汛期暴雨对浙江省杨梅等参保作物产量及品质有很大影响。

3.3.2.1　梅汛期暴雨

梅汛期常常发生暴雨，是洪涝灾害的主要成因之一。浙江省常年入、出梅时间分别为 6 月 8 日和 7 月 8 日，平均梅雨量约 346 mm。浙南地区一般 5 月进入前汛期雨季。梅汛期多连续性、区域性暴雨过程。梅汛期持续性降水易引发新安江、富春江、兰江等主要流域洪涝灾害。

梅雨量最多(多梅)的前 3 年依次为 2020 年(633 mm)、1954 年(623.5 mm)、1995 年(584 mm)(图 3.5)。

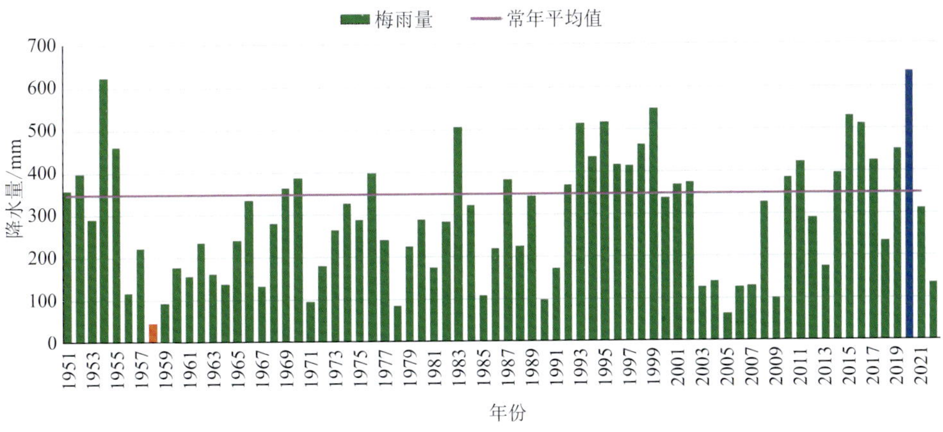

图 3.5　浙江省 1951—2022 年历年梅雨量

梅汛期以连续性、区域性暴雨过程居多。1949 年以来，梅汛期造成较明显洪涝灾害的年份共有 19 年，约 3 年一遇。其中 1954 年、1999 年、2020 年影响尤其严重。近 20 年浙江省梅雨量发生阶段性变化。2003—2007 年浙江省持续 5 年梅雨量明显偏少；2008 年开始梅雨量转向正常；目前基本处于多雨阶段。

2020 年梅雨期浙江省出现了 9 次强降水过程，平均梅雨量 633 mm，为 1951 年以来第一位，14 个县(市、区)梅汛期雨量破历史纪录，新安江水库水位达历史最高的

108.39 m，从建库以来首次开启 9 孔泄洪。

3.3.2.2 暴雨日数年际变化

1951—2020 年，浙江省平均暴雨日数（含台风过程）分布在 1～9 d（图 3.6），年均暴雨日数为 4 d，其中 1952 年暴雨日数最多，达到 9 d，1954 年、1989 年和 2019 年次之，均为 6 d。全省平均大暴雨频次统计表明：1952 年、1962 年、1990 年、1994 年、2005 年、2013 年和 2019 年全省平均大暴雨发生频次为 1 次，20 世纪 90 年代之后，全省大暴雨频次有整体频发的趋势。

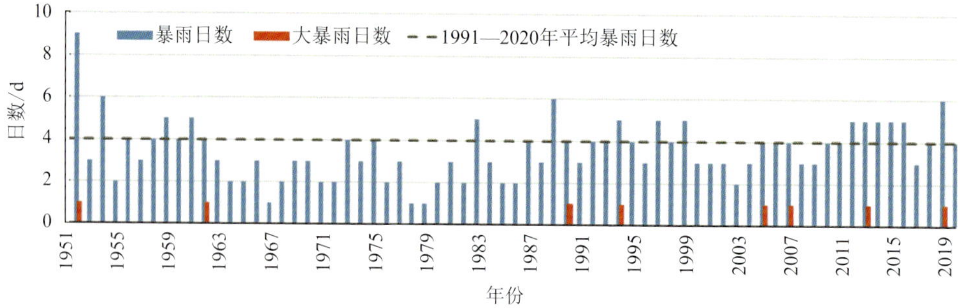

图 3.6　浙江省国家级气象站 1951—2020 年暴雨、大暴雨日数

3.3.2.3 暴雨频次年际变化

统计 1951—2020 年逐年国家站出现的暴雨日数累积频次，从逐年变化来看，浙江省暴雨日数累积频次随时间呈波动变化，在 2003 年以后显现逐年增加趋势。国家站暴雨日数累积频次出现最多的年份为 2019 年和 1989 年，分别达 428 次和 412 次，都超过了 400 次，较其他年份偏多较明显；国家站大暴雨日数累积频次出现最多的年份为 2019 年、2013 年和 2015 年，分别达 93 次、87 次和 84 次，都超过了 80 次，较其他年份偏多较明显；大暴雨频次出现少于 10 次的年份有 1978 年（6 次）、1980 年（8 次）和 1986 年（9 次）。

3.3.2.4 暴雨日数月际变化

浙江省全年平均近 30%的暴雨日数频次发生在 6 月（86 次）（表 3.2、图 3.7），主要是梅汛期暴雨，其次为 8 月 55 次、7 月 43 次和 9 月 36 次，主要受到台风和夏季强对流影响。

表 3.2　浙江省国家气象站 1991—2020 年逐月暴雨、大暴雨日数累积频次　单位：次

	月份												全年
	1	2	3	4	5	6	7	8	9	10	11	12	
暴雨	1	1	9	13	26	86	43	55	36	14	6	2	292
大暴雨	0	0	0	0	1	10	6	12	8	5	0	0	42

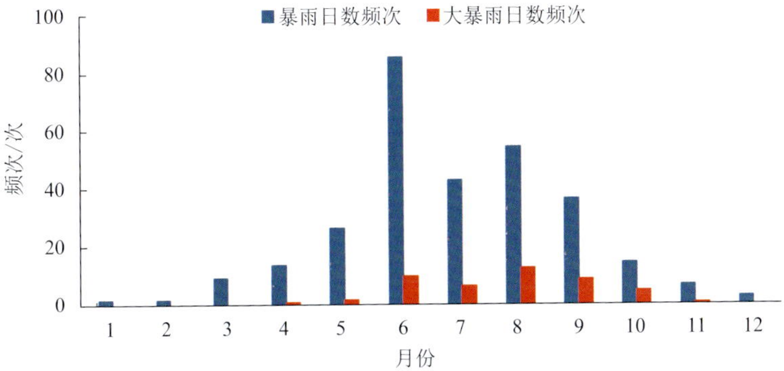

图 3.7　浙江省国家气象站 1991—2020 年逐月暴雨、大暴雨日数累积频次

3.3.2.5　不同历时降水极值及空间分布

利用浙江省气象站(国家站和自动站)建站以来至 2020 年小时降水资料和日降水资料,根据暴雨过程定义提取各站暴雨过程,并在此基础上,求得各站点连续滑动 1 h、3 h、6 h、12 h、20 时—20 时日降水和暴雨过程累积降水极值。

(1)1 h 降水极值空间分布

根据建站至 2020 年浙江省气象站不同历时暴雨极值分析:国家气象站 1 h 降水极值分布在 40.4(磐安)～137.6 mm(温州);从所有气象站观测(下同)的空间分布上可以看到,全省 1 h 降水极值高值区域(>90 mm)主要集中在浙江省沿海的宁波、台州和温州地区,此外浙北的杭嘉湖地区也有分布。这主要是台风强降水和强对流天气系统导致,需要尤为关注的是杭州、宁波和温州等大城市区域历史 1 h 降水暴雨极值的高值区域比较明显。

(2)滑动 3 h 累积降水极值空间分布

根据建站至 2020 年浙江省气象站不同历时暴雨极值分析:国家气象站滑动 3 h 降水极值分布在 81.1(淳安)～322.8 mm(温州);滑动 3 h 降水极值分布特点和 1 h 降水极值分布大致相似,即高值区域(≥200 mm)主要集中在浙江省沿海的宁波、台州和温州地区,此外浙北的杭嘉湖地区也有分布。

(3)滑动 6 h 累积降水极值空间分布

根据建站至 2020 年浙江省气象站不同历时暴雨极值分析:国家气象站滑动 6 h 降水极值分布在 94.2(松阳)～384.6 mm(温州);全省滑动 6 h 降水极值分布特点与 1 h、3 h 降水极值分布有所不同。高值区域(≥250 mm)主要集中在浙江省沿海的温州、宁波、台州和嘉兴等地区,尤以温州地区最为明显。这主要是台风强降水和强对流天气系统导致,但相比 1 h 和 3 h 降水极值分布,浙北的杭嘉湖地区 6 h 降水极值比宁波、台州和温州整体范围要小(图 3.8)。

(4)滑动 12 h 累积降水极值空间分布

根据建站至 2020 年浙江省气象站不同历时暴雨极值分析:国家气象站滑动 12 h

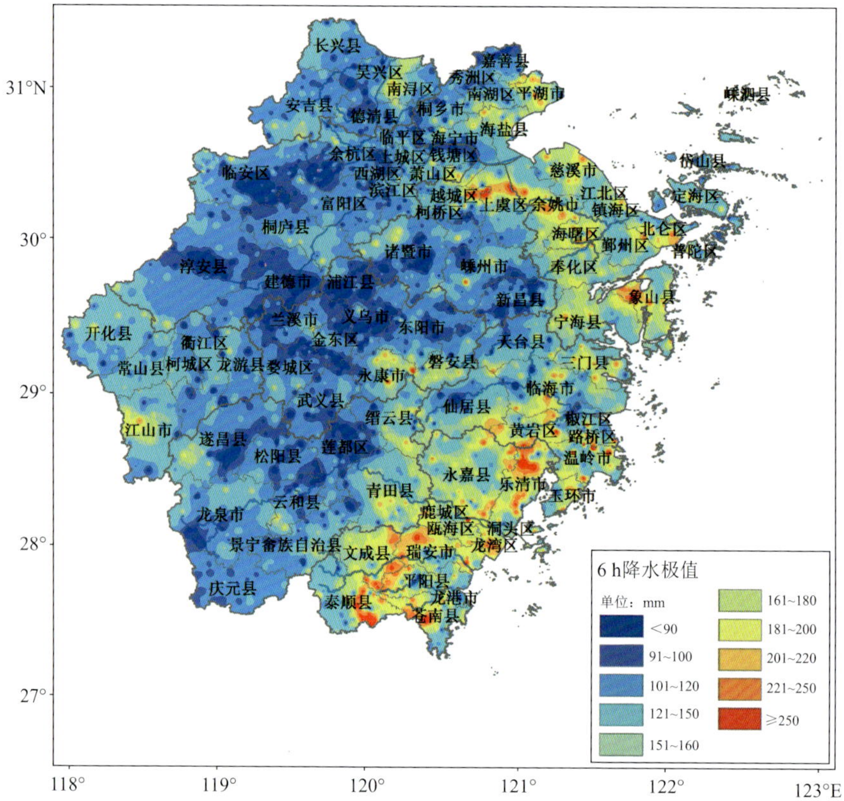

图 3.8 建站以来至 2020 年浙江省 6 h 累积降水极值空间分布

降水极值分布在 119.4(临平区)～398.7 mm(乐清);高值区域(≥300 mm)主要集中在浙江省沿海的温州、宁波、台州、舟山本岛以及嘉兴等地区,尤以温州地区最为明显。这主要是台风强降水和强对流天气系统导致,在沿海的雁荡山、括苍山、四明山以及浙西的天目山等山区极值表现得最为明显。此外浙西的衢州也处于次高值中心,这跟梅雨系统的强降水有关。

(5)日降水极值空间分布

根据建站至 2020 年浙江省气象站不同历时暴雨极值分析:国家气象站 20 时—20 时日降水极值分布在 123.7(临平区)～403.8 mm(温州)。全省日降水极值空间分布特点与滑动 12 h 降水极值分布大致相似。高值区域(≥400 mm)主要集中在浙江省沿海的温州和宁波等地区,在沿海的雁荡山、四明山以及浙西的天目山等山区为浙江省历史日降水极值中心区域。此外浙西的衢州处于次高值中心,上述空间分布特点主要受到浙江省台风和梅雨两种天气系统影响;而极值低的区域主要位于浙中的金华等地区,这是由于该地区属于浙江省内陆腹地,受台风和梅雨两个主要强降水系统的影响较小。

（6）暴雨过程累积降水极值空间分布

根据建站至 2020 年浙江省气象站不同历时暴雨极值分析：国家气象站暴雨过程降水极值分布在 189.6（永康）～607.2 mm（乐清）。从分布图上看，浙江省暴雨过程累积降水极值空间分布特点与日降水极值有所不同。相同的是高值区域（≥700 mm）主要集中在浙江省沿海的温州和宁波等地区，受雁荡山、四明山以及天目山等地形对台风降水抬升作用，上述地区处于浙江省历史暴雨过程降水极值高值中心区域，丽水南部山区也有体现。此外浙西的衢州处于一个次高值中心，上述空间分布特点主要受到浙江省台风和梅雨两种天气系统影响；而极值低的区域主要位于浙中的金华等地区，这是由于该地区属于浙江省内陆腹地，受台风和梅雨两个主要强降水系统的影响较小。但需要指出的是，浙西衢州所处的次高值中心较 12 h 累积降水极值空间分布更接近沿海台风系统降水，说明梅雨系统造成的更多是持续性暴雨过程极值，主要带来 1 d 以上降水的累加影响，这对流域性洪涝会带来较大的影响。

3.3.2.6　暴雨日数频次空间分布

浙江省年均暴雨日数（图 3.9）各地分布在 2～7 d。高值地区主要位于浙西的开化、常山等地区，这主要是受到梅雨强降水系统影响所致；此外受台风和地形影响，

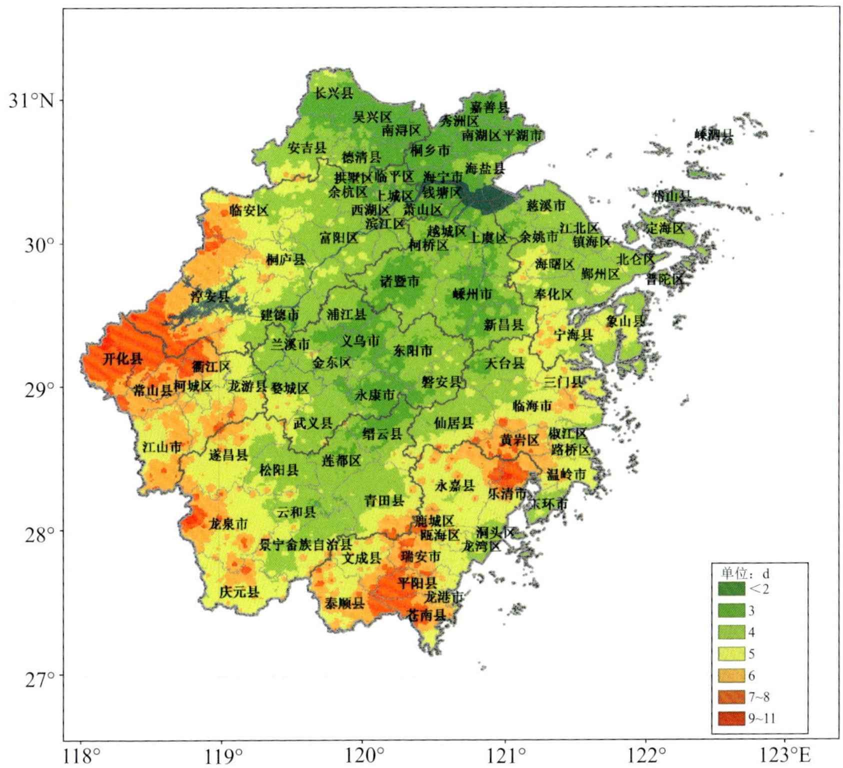

图 3.9　浙江省 1991—2020 年年均暴雨日数空间分布

浙南山区和浙东沿海也是暴雨频次的相对高发地区；暴雨频次低值区主要位于绍兴和舟山大部、浙北的太湖流域周边地区以及金华、丽水交界等地区。

3.3.2.7 1 h强降水(≥20 mm)频次空间分布

短时强降水(1 h强降水≥20 mm)浙江省各地分布在0～5 d。主要受台风影响所致，短时强降水多的地方主要集中在温州、台州和宁波等浙东沿海地区，此外受到梅雨强降水影响浙西开化也较多，而浙中的金华地区由于远离台风和梅雨影响，值较低。

3.3.3 暴雨洪涝致灾危险性评估

根据暴雨灾害致灾特征，一般认为一个地区的暴雨综合强度指数是暴雨频次和强度叠加的综合表现。据《浙江省气象灾害综合普查技术报告》指出：

浙江省暴雨洪涝致灾危险性空间分布总体呈现出两个高值区域，一个是东部沿海地区，主要因台风暴雨影响所致；另一个位于衢州地区，主要因梅雨期暴雨所致。高危险性地市主要分布在宁波、台州、温州和衢州等地区。相对低危险性区域主要位于绍兴市中南部、金华市大部以及丽水市中北部。

3.4 干旱

3.4.1 概述

干旱是世界上危害最为严重的灾害之一，其出现次数、持续时间、影响范围、造成损失，居各种自然灾害之首(张继权 等，2007)。目前，国内外对干旱灾害的认识和研究主要集中在3个方面：一是从气象干旱分析出发，研究干旱的概念、类型和指标；二是干旱对农业方面影响的研究；三是对干旱灾害管理方式的研究。

以下从干旱和干旱灾害的基本概念出发，简述干旱和干旱灾害的区别与联系。

3.4.1.1 干旱

干旱是指由于水分的收支或供求不平衡而形成的水分短缺现象。从气象学意义上来说，干旱是一种因长期无降水或降水偏少而造成的空气干燥、土壤缺水的一种气象现象。

国际上较为通用和流行的是将干旱分为4类，即气象干旱(或气候干旱)、农业干旱、水文干旱和社会经济干旱。

气象干旱：是指由于降水和蒸发的收支不平衡，水分支出大于水分收入而造成的地表水分异常短缺的现象。气象干旱通常以降水的短缺程度作为干旱指标。

农业干旱：是指由外界环境因素造成农作物体内水分失去平衡，出现水分缺少，影响作物正常生长发育，进而导致减产或绝收的现象。

水文干旱：是指由降水和地表或地下水收支不平衡造成的水分异常短缺现象。

社会经济干旱：是指自然系统与人类社会经济系统中水资源供需不平衡造成的水分异常短缺现象。如果需求大于供给则会发生社会经济干旱。

3.4.1.2 干旱灾害

干旱是一种气象现象，而旱灾则是这种现象在某一时期异常严重，导致某一地区的经济活动（尤其是农业生产）和人类生活受到较大危害的现象。在干旱区和极端干旱区，气象干旱是一种常态化现象，但并非异常，那里的人类活动已经适应了这种气候并有自己的应对方法，谈不上较大危害。

3.4.1.3 干旱灾害的特点

干旱灾害是自然、经济、社会的综合反映。应当把干旱的基本概念与各种不同类型的干旱区别开来；同时，也要把干旱与干旱灾害加以区别。

干旱灾害的形成及其成灾强度，既取决于自然环境的变异而形成的气象干旱频度和强度，也受农业土地利用、城市发展建设等人类活动的影响，还取决于社会经济结构和社会环境等人为因素。干旱年份不仅降水稀少，还会出现河流断水、地下水位下降使人畜饮水困难，农作物歉收甚至绝收，往往还伴随蝗灾、疾病及严重的环境灾害。

值得注意的是，干旱不属于突发性灾害，但干旱灾害带给人类社会的影响和损失却远远超过其他气象灾害，并且干旱灾害有进一步加重的趋势。

3.4.2 浙江干旱的气候特点

干旱是浙江常见的气象灾害，一年四季都有可能发生，但危害最大的则是夏秋干旱。2003年，因干旱影响，浙江省农作物受灾面积达65.7万hm^2，占总耕地面积的41%，饮水困难人口321.11万人，直接经济损失47.87亿元。2013年，因极端高温热浪少雨天气，浙江省出现严重干旱，特旱及重旱主要发生在浙江省东部及海岛地区，造成浙江省农作物受旱面积达67.9万hm^2；饮水困难人口118.64万人，直接经济损失73.3亿元。

3.4.2.1 浙江干旱的时间分布特征

1951—2022年的72年中，发生范围较大、持续时间较长的严重夏秋干旱共有23年（约3年一遇），其中1953年、1961年、1967年、1971年、1978年、1994年、2003年、2013年、2022年旱情最为严重（毛燕军，2003）。

从季节变化看，浙江的干旱一年四季都有可能出现，夏秋局部性干旱几乎年年都有，以盛夏和秋季的干旱影响最为突出。

梅雨结束后的盛夏常有一段干旱，俗称“伏旱”，常年浙江东部“伏旱”出现最早，结束也最早；西部“伏旱”出现较迟，结束也较迟，这与当年的台风活动关系密切。由于历年各地梅雨结束时间有早有迟，梅汛期雨量有多有少，因而夏秋干旱开始的日期和干旱程度也有很大差异。

影响浙江的台风年际变化很大，台风影响正常或偏多的年份，往往旱情不严重，但台风影响异常偏少的年份，容易形成夏秋连旱。

3.4.2.2 浙江干旱的空间分布特征

统计浙江各地出现干旱的频率发现，中西部地区和沿海岛屿出现干旱频率最高，其中舟山群岛的普陀、衢山最高，平均四年两遇或三遇；其次为金衢盆地、杭州湾两岸和浙东沿海岛屿，几乎两年一遇；浙西北丘陵山区和浙南山区及东南沿海平原，干旱较少，一般5～10年一遇；其他地区3～5年一遇。

3.4.3 干旱的成因

气象干旱是干旱灾害形成的前提。气象干旱一般是由于长时间的降水不足导致的，但是干旱灾害的发生并不是单纯由于降水量的缺少而导致的，造成干旱的原因既与气象等自然因素有关，也与人类活动及应对干旱的能力有关，其中地形地貌是造成区域干旱的重要原因。干旱的孕灾环境敏感性因素主要考虑地形地貌、水系和土地利用类型3个因素。大气环流的异常是气象干旱形成的直接原因。

3.4.3.1 形成干旱的大气环流因子

西太平洋副热带高压（简称“副高”）、极涡、东亚阻塞高压（简称“阻高”）、高原高压、季风的异常变化在形成浙江省夏秋干旱过程中起着重要作用，干旱年上述气候系统的异常表现如下。

（1）西太平洋副高

西太平洋副高的强度和位置变化决定着南方暖湿气流和北方冷空气交汇的位置及方式，从而决定了中国大范围地区的夏季降水趋势。

初夏期间，赤道中、东太平洋异常变冷，导致梅雨期副热带高压异常不稳定，无法形成稳定的雨带，在本应该雨量最集中、降水量最多的时段降水明显偏少。

盛夏期间，西太平洋副高强度异常偏强、西伸脊点偏西、脊线位置稳定，使江南地区长时间受稳定的副高控制，出现持续高温少雨的天气，有利于干旱的形成和发展。

（2）极涡

北半球极涡是冷空气源地，其强度和位置直接关系到入侵我国冷空气势力的强度和路径。亚洲区极涡强度较强时，有利于出现东部型降水；反之，降水位置偏北，导致南方降水偏少。

（3）东亚阻高

夏季东亚阻高是影响我国夏季降水的重要环流系统，它的存在和发展使东亚西风带锋区分成南、北两支，造成其南侧的副热带锋区位置较常年偏南，不利于西太平洋副高北进，一般南方多雨。

（4）高原高压

夏季青藏高原500 hPa高度场高度偏高，有利于高原高压系统不断分裂东移，分裂东移的高压系统与西太平洋高压合并，致使西太平洋副高西伸北抬，导致雨带北抬,南方少雨。

(5)季风

夏季季风的强弱与浙北梅雨的强度和位置关系较大,季风强年中国夏季容易出现北方类雨型,弱年中国夏季多为南方类雨型,正常年多为江淮雨带(即二类雨型)。

3.4.3.2 干旱灾害的致灾原因

干旱灾害的形成是孕灾环境(自然环境和人文环境)、致灾因子(降水不足超过临界值指标)、承灾体(农牧业、林业、城市和生态环境等)相互作用的产物,也与干旱灾害管理能力有关,干旱灾害的发生具有一定的随机性和不确定性。干旱灾害风险取决于 4 个因素。

①干旱灾害危险性:造成干旱灾害的自然因素。主要指降水量偏少的程度、温度及其对蒸发量大小的影响、自然地理环境保水的能力等。

②承灾体暴露度:指可能受到干旱威胁的经济、社会和自然环境系统。具体包括农业、林业、畜牧业、工业、城乡居民和生态环境等聚居和价值密度等。

③承灾体脆弱性:指承灾体遭受干旱时可能造成的损失大小。脆弱性也与抗旱减灾能力有关。

④抗旱减灾能力:指各种用于防御和减轻干旱灾害的措施及对策。

3.4.4 干旱的监测、预测和预警

干旱的监测、预测和预警是气象预报服务的一项重要任务。

3.4.4.1 干旱监测

气象干旱监测主要采用气象干旱指数表述干旱等级。其中单项气象干旱指数有降水量距平百分率、相对湿润度指数、标准化降水指数、标准化降水蒸散指数、帕尔默干旱指数等;常用的综合气象干旱指数有 MCI 气象干旱综合指数(章树安 等,2010)。

由于干旱成因非常复杂,包括气象、水文、地质地貌和人类活动等复杂因素,不同机构对旱情监测没有统一的标准,基于此,遥感和 GIS 监测平台应运而生。

(1)遥感监测技术

遥感技术能够有效、大面积、实时动态地获取干旱地区旱情资料,随着遥感传感器的发展,利用不同传感器获取的数据,计算各种能直接或间接反映干旱情况的参数或指标,已形成了很多种方法。综合应用遥感技术获取及时的图像信息,并结合地面降水等数据,在分析地区干旱或监测中也广泛应用。

标准化降水指数(SPI)是先求出降水量分布概率,然后进行正态标准化而得到,综合应用 SPI 和遥感影像数据是分析和监测干旱的方法之一。

(2)GIS 监测技术

GIS 技术具有空间数据管理和空间分析功能,在旱情监测中的应用比较广泛,如综合应用地面数据及评价干旱的指标建立干旱估算模型监测旱情、建立旱情监测管

理信息系统等。

(3)遥感与 GIS 技术的综合监测

遥感或 GIS 技术单独在旱情监测中都有一定的局限性，但将遥感与 GIS 技术集成，能够有效、大面积、实时动态监测干旱地区的旱情。

3.4.4.2 干旱的季节预测

应用气候模式或统计方法，通过对影响汛期旱涝的前兆因子进行分析，并与历史上干旱年的特征进行对比，预报汛期降水量的趋势，根据降水量的丰枯判断干旱发生的可能性。

3.4.4.3 干旱天气预报

应用数值天气模式、概念模型和统计方法，对 3～7 d 的晴雨和温度作出预报，判别干旱的缓解和发展。

3.4.4.4 干旱预警

干旱不属于突发性自然灾害，目前人们对于干旱缺水危急状况的预警一般在干旱已经开始出现时发布。干旱预警信号分橙色、红色 2 个等级(图 3.10)。

图 3.10 干旱预警信号

橙色预警：预计未来一周综合气象干旱指数达到重旱(气象干旱为 25～50 年一遇)，或者某一县(市、区)有 40%以上的农作物受旱。

防御指南

(1)有关部门和单位按照职责做好防御干旱的应急工作；

(2)有关部门启用应急备用水源，调度辖区内一切可用水源，优先保障城乡居民生活用水和牲畜饮水；

(3)压减城镇供水指标，优先经济作物灌溉用水，限制大量农业灌溉用水；

(4)限制非生产性高耗水及服务业用水，限制排放工业污水；

(5)气象部门适时进行人工增雨作业。

红色预警：预计未来一周综合气象干旱指数达到特旱(气象干旱为 50 年以上一遇)，或者某一县(市、区)有 60%以上的农作物受旱。

防御指南

(1)有关部门和单位按照职责做好防御干旱的应急和救灾工作；

(2)各级政府和有关部门启动远距离调水等应急供水方案，采取提外水、打深井、车载送水等多种手段，确保城乡居民生活和牲畜饮水；

(3)限时或者限量供应城镇居民生活用水,缩小或者阶段性停止农业灌溉供水;

(4)严禁非生产性高耗水及服务业用水,暂停排放工业污水;

(5)气象部门适时加大人工增雨作业力度。

3.4.5　干旱的影响和防御

干旱是使江河水位严重偏低、土壤水分不足、淡水资源不足以满足人们生存和经济发展的气候现象。

3.4.5.1　干旱的影响

干旱易引燃枯枝落叶及易燃物品,进而引发城市和森林火灾。夏秋 7—9 月的干旱对浙江农业的影响最为突出,是浙江省的一种主要农业气象灾害。这个时段的干旱不仅对正处于需水旺盛阶段的稻类作物带来很大威胁,严重时直接威胁种植面积和产量,而且对耐旱性较强的甘薯、玉米、大豆、糖、烟等秋季作物也可能产生影响,造成枯叶、焦叶、减产或绝收;还对棉、麻、桑、茶、橘等经济作物和林果带来不利影响。

3.4.5.2　干旱的防御

(1)水利建设和防旱抗旱

克服干旱的危害可通过多种途径,其中最重要的措施是加强水利建设。

(2)合理布局农业生产

对于水利设施一时难以奏效而干旱又十分严重的地区,应根据干旱的发生季节合理布局农业生产。例如,选择耐旱作物及其品种,适当调整播期,使抗旱性弱的作物在其生育期避开当地的干旱盛发期,有些地方将易受旱的双季晚稻改为晚大豆、晚玉米等旱作物,实行水旱轮作,既可减轻干旱影响,又可改良土壤,收到持续增产的效果。

3.4.6　干旱灾害风险评估

气象干旱是其他干旱类型的起因和监测评估基础。一般确定干旱强度、最长干旱持续日数、降水量、较重以上干旱过程次数为干旱致灾因子,采用加权综合评估法构建干旱危险性评估指标(DB50/T 583.3—2015)。

气象干旱等级是根据气象干旱指数划分的,用来描述气象干旱程度的级别。通常划分为 5 个等级,分别为无旱、轻旱、中旱、重旱和特旱,可分为单项气象干旱指数和综合气象干旱指数(GB/T 20481—2017)。

(1)单项气象干旱指数

降水量距平百分率(PA)是用于表征某时段降水量较常年值偏多或偏少的指标。

相对湿润度指数(MI)是用于表征某时段降水量与蒸散量之间平衡状况的指标。

标准化降水指数(SPI)是用于表征某时段降水量出现概率多少的指标。

标准化降水蒸散指数(SPEI)是用于表征某时段降水量与蒸散量之差出现概率多少的指标。

帕尔默干旱指数(PDSI)依据土壤水分平衡原理建立,用于表征某时段某地区土壤实际水分供应相对于当地气候适宜的亏损程度。适用于月以上尺度的干旱监测和评估。针对不同地区,需要对计算公式中用到的各种参数进行修订。

(2)综合气象干旱指数

如表 3.3 所示,气象干旱综合指数(MCI)考虑了 60 d 内有效降水(权重累积降水)、30 d 内蒸散(相对湿润度)以及 90 d(季度尺度)降水和 150 d(近半年尺度)降水的综合影响,适用于作物生长季逐日气象干旱的监测和评估(GB/T 20481—2017 气象干旱等级)。

表 3.3 气象干旱综合指数(MCI)等级

等级	类型	MCI	干旱影响程度
1	无旱	$-0.5<MCI$	地表湿润,作物水分供应充足;地表水资源充足,能满足生产生活需要
2	轻旱	$-1.0<MCI\leqslant-0.5$	地表空气干燥,土壤水分轻度不足,作物轻微缺水,叶色不正;地表水资源出现短缺,对生产生活造成影响
3	中旱	$-1.5<MCI\leqslant-1.0$	土壤表面干燥,土壤水分不足,作物出现萎蔫现象;水资源出现短缺,对生产生活造成影响
4	重旱	$-2.0<MCI\leqslant-1.5$	土壤水分持续严重不足,出现干土层(1～10 cm),作物出现枯死现象;河流出现断流,水资源严重不足,对生产生活造成较严重影响
5	特旱	$MCI\leqslant-2.0$	土壤水分持续严重不足,出现较厚干土层(>10 cm),作物出现大面积枯死;多条河流出现断流,水资源严重不足,对生产生活造成较严重影响

3.5 高温

3.5.1 概述

高温热浪的标准主要依据高温对人体、动植物产生影响或危害的程度而制定,同时也兼顾地理、社会和经济等多方面的影响。世界各国和地区研究高温热浪所采取的方法不同,其标准也有很大差异,目前国际上还没有统一而明确的标准(谈建国等,2009)。

3.5.1.1 定义

我国一般把日极端最高气温≥35℃的天气现象称为高温(QX/T 280—2015)。

根据高温强度还可将高温分为 3 级:≥35℃为高温,≥37℃为危害性高温,≥40℃为强危害性高温或酷热高温。如日极端最高气温达到某一级别的高温,则定义当日为该级别的一个高温日。

高温热浪通常是指一段持续性(3 d 或以上)的高温过程。由于持续时间长,能引起人、动植物产生不适,甚至导致死亡。

3.5.1.2　高温灾害

高温灾害主要表现为气温太高而引起人类、动植物不能适应的现象。高温热浪会使人体热平衡机能紊乱,导致疾病的发生或加重,甚至死亡。高温还会造成城市用水和用电紧张,引发水库干涸、河水断流以及农林牧业的产量和品质下降、森林草原火灾等负面影响。

3.5.2　浙江高温的气候特点

浙江省高温热害多见于西太平洋副热带高压稳定控制下的夏季。常年于 7 月上旬末梅雨结束后,随之进入高温伏旱季节,7—8 月为高温天气集中出现时段。

3.5.2.1　浙江高温的时间分布特征

浙江高温日数多年平均为 25.5 d。1951—2022 年全省平均高温日数呈波动变化(图 3.11)。其中 1951—1971 年在常年值附近波动,最多 38.6 d,最少 10.9 d;1972—2002 年为低值区,其中 1982 年最少,只有 6.2 d,1999 年次之,为 6.5 d;2003 年以后是一个高值区,其中 2022 年最多,达 53 d,2013 年次多,为 43 d (Mao et al.,2023)。

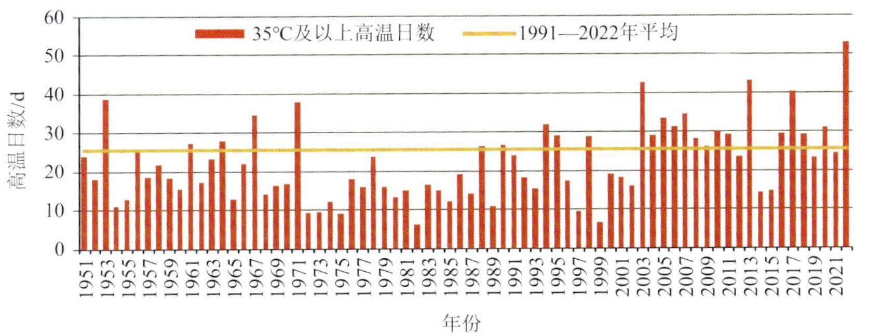

图 3.11　浙江省(国家气象站)1951—2022 年平均高温日数历年变化

浙江省 30 年平均高温日数月际变化呈单峰型,7 月最多,达 12.2 d,8 月次之,为 8.91 d,1 月、2 月和 11 月、12 月没有高温天气发生,3 月、4 月、5 月和 10 月不到 1 d (图 3.12)。浙江省高温出现最早日期为 3 月 14 日(文成 1988 年,35.4℃),最迟日期为 10 月 11 日(松阳 2017 年、2019 年,均为 35.4℃;青田 2019 年,35.4℃)。

3.5.2.2　浙江高温的空间分布特征

浙江省 30 年平均高温日数分布显示,丽水是浙江高温日数最多的地方,多年平均高温日数为 51 d(图 3.13)。

浙江省 1951—2022 年极端最高气温分布显示,有 3 个中心:一是在宁波与绍兴

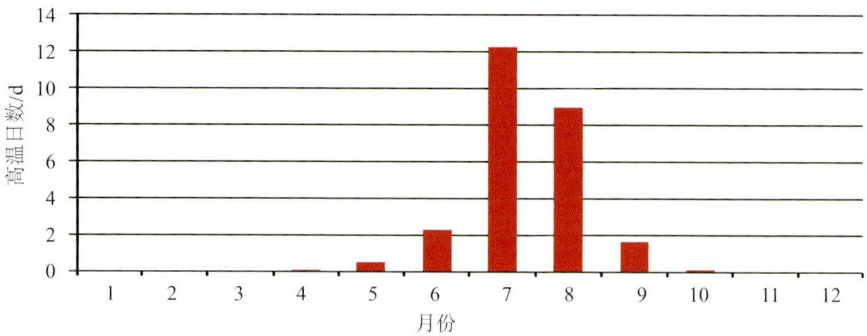

图 3.12 浙江省 30 年(1991—2020 年)平均高温日数月际变化

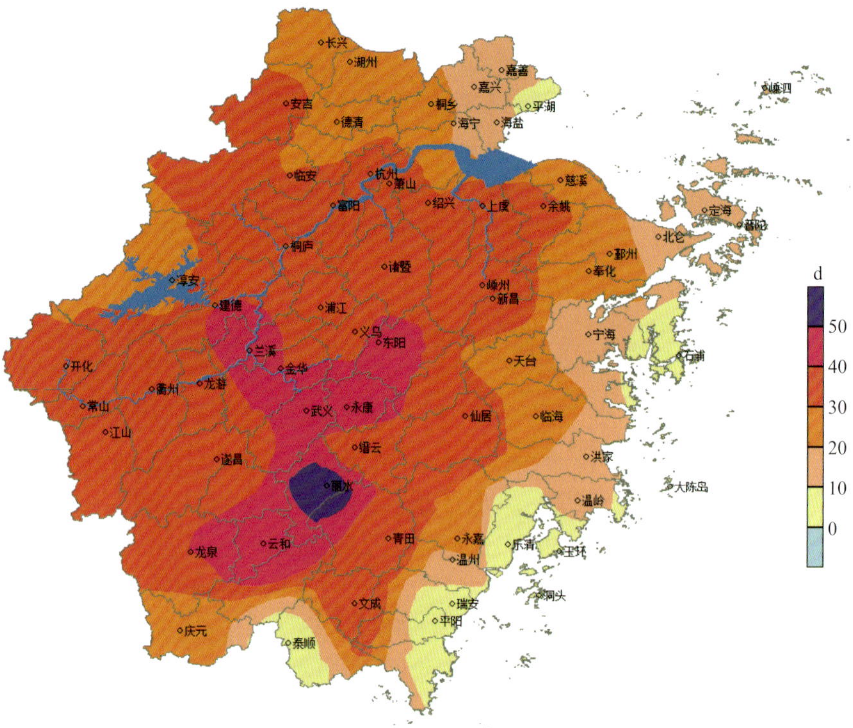

图 3.13 浙江省 1991—2020 年平均高温日数分布

交界的奉化和新昌,极值为 44.1℃,出现在 2013 年 8 月 11 日;二是在丽水,极值为 43.2℃,出现在 2013 年 7 月 31 日;三是在三门,极值为 43.1℃,出现在 2022 年 7 月 23 日(图 3.14)。

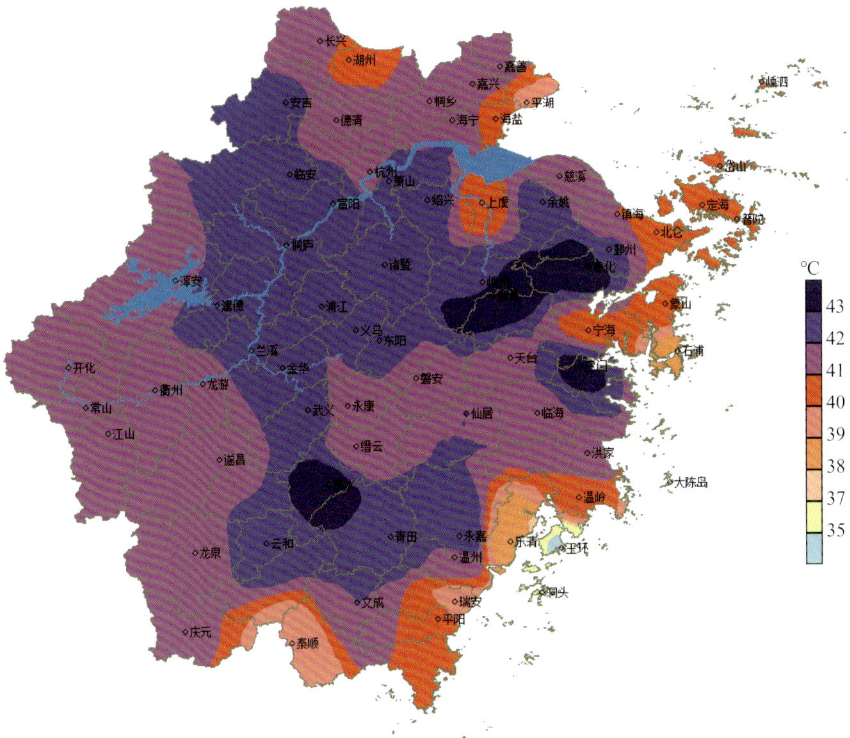

图 3.14 浙江省 1951—2022 年极端最高气温分布

3.5.3 高温热浪的成因

形成和导致气候变化最基本的气候因子是太阳辐射、大气环流和下垫面状况，此外人类活动对气候变化也起着越来越大的作用。高温热浪是一种特殊的气候现象，其成因与地理纬度、海陆分布、地形、大气环流等因子有关（徐金芳 等，2009）。

3.5.3.1 全球变暖对浙江高温的影响

全球气候变暖是指全球平均气温升高，主要由人类活动和气候自然变化引起。

对浙江省平均年高温日数采用 Mann-Kendall（曼-肯德尔法）进行检测表明，浙江全省平均年高温日数突变开始的时间是 2004 年前后，突变后的趋势是上升的（图 3.15）（Mao et al.，2023）。

3.5.3.2 大气环流与浙江高温

仅从地面获得太阳辐射的热量看，赤道附近应该是全球最热的地方，但观测事实显示赤道附近的气温并不是最高的，极端高温差不多都出现在纬度 20°～35°的副热带地区。观测事实表明，大气环流对极端高温的地理分布有重要作用。

（1）副热带高压

西北太平洋副热带高压西伸脊常在夏季深入我国大陆，是造成我国很多地区夏

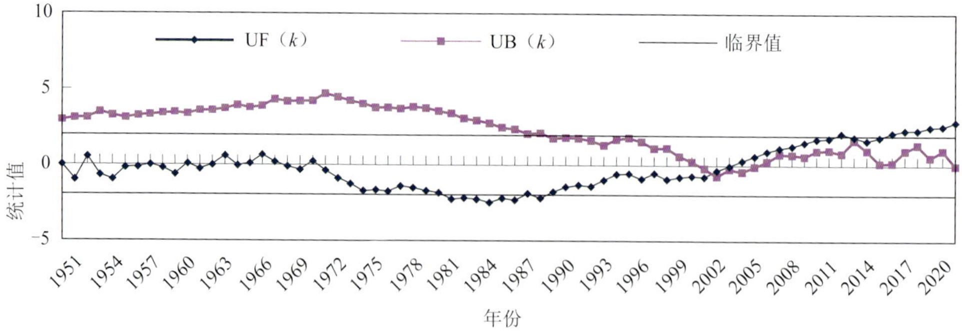

图 3.15 浙江省(国家气象站)平均高温(≥35℃)日数 Mann-Kendall 检测
(图中 UF(k)和 UB(k)为依据高温历史序列的秩序列定义的统计量，
其中 UF(k)为正序列，UB(k)为逆序列)

季高温天气最主要的天气系统，华东地区的高温热浪受其变化影响最大。浙江省大范围持续高温灾害都与副热带高压持续异常活动有关。

(2)大陆暖高压

夏季大陆暖高压控制区域多为下沉气流，天气晴朗干燥，容易形成高温天气。

(3)热低压

由于地面加热作用使空气变暖上升，在地面附近形成的热低压在没有冷空气加入前一般稳定少动，也会出现高温现象。

(4)弱冷锋过境

锋面过境前，锋前的下沉增温作用会引起高温现象。

3.5.3.3 下垫面与浙江高温

下垫面包括海陆分布、海拔高度、地形、植被和土壤等。

由于海陆热力性质差异，受海洋影响大的地区，气温变化缓和、温差小；受陆地影响大的地区，气温变化剧烈、温差大。

一般海拔较高地区的台站温度随高度降低，约每上升 100 m 降低 0.6℃。

由于地形作用产生的焚风效应和狭管效应对温度也有影响。

3.5.4 高温热浪的预测、预报和预警

高温热浪的预测、预报和预警是气象预报服务的一项重要任务。

3.5.4.1 高温热浪的季节预测

在高温季节来临之前，应用气候模式和统计方法，对海温场特征进行分析并对其后期演变进行判断，依据历史上对应的相似年份高温发生的情况，判断高温发生的趋势。

3.5.4.2 高温天气预报

应用数值天气模式、概念模型和统计方法，对 3～7 d 的高温天气作出预报。

3.5.4.3　高温预警

我国气象部门针对高温天气的防御特别制定了高温预警信号。

高温预警信号是指各级气象主管机构所属的气象台站向社会公众发布的高温预警信息。

2007 年 6 月实施的《气象灾害预警信号发布与传播办法》中高温预警信号分为三级，分别以黄色、橙色、红色表示(图 3.16)。

黄色预警信号的含义是天气闷热，一般指连续 3 d 日最高气温将在 35℃以上；橙色预警信号的含义是天气炎热，一般指 24 h 内最高气温将要升至 37℃以上；红色预警信号的含义是天气酷热，一般指 24 h 内最高气温将升至 40℃以上。

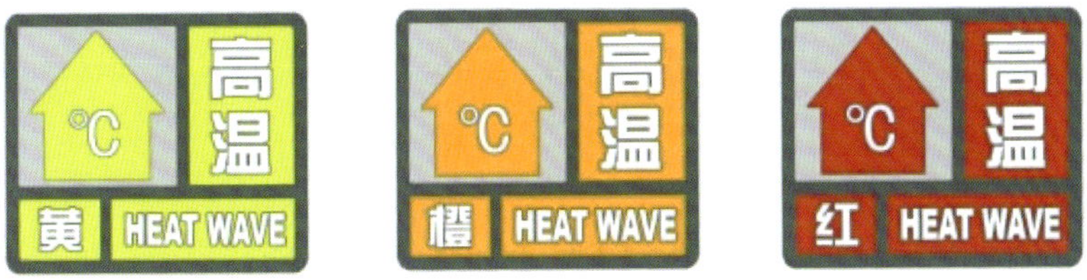

图 3.16　高温预警信号

3.5.5　高温灾害风险指数

3.5.5.1　高温影响因子

基于高温灾害事件的发生强度、持续时间、影响范围等，根据高温致灾机理，确定高温的致灾因子。高温灾害主要致灾因子包括：基于年尺度的年平均最高气温、年极端最高气温、年/月高温日数、基于年高温过程发生频次、累计持续日数、过程平均最高气温。

3.5.5.2　高温灾害危险性

高温灾害危险性指对人口、经济、农作物等承灾体造成影响和危害的可能性，具体指某一地区、某一时段高温灾害发生的可能性和强度以及影响和危害程度。高温灾害风险主要取决于致灾因子危险性、承灾体暴露度两个因素综合作用的结果。

3.6　秋季低温

3.6.1　定义

秋季低温，指气温突降，使正在孕穗、抽穗开花及灌浆阶段的双季晚稻遭到低温危害，导致水稻抽穗不畅或受精不良，造成稻翘头或稻谷空壳率增加而减产(郭小弟等，1998)。在长江流域一般称为秋季低温冷害；两广(广东、广西)和福建一带多发生在寒露节气前后，故称之为“寒露风”(陈瑾，2022)。虽然各地的名称不同，但实质上都是秋季低温对作物的危害。

浙江省常规晚稻抽穗扬花期低温危害指标为：9 月 1—30 日，连续 3 d 日平均气温＜20℃。

3.6.2 秋季低温特征

秋季低温危害地域差异明显，北部多，尤其西北地区明显偏多，南部少；山区多，沿海岛屿少(吴利红 等，2012)。

3.7 倒春寒

3.7.1 定义

春季冷害也称倒春寒。春季冷空气活动频繁，温度起伏变化大，导致早稻烂秧以及春茶等诸多经济作物受冻害，对农业造成损失。

将浙南 4 月 1 日起，浙中北 4 月 5 日起，连续 3 d 日平均气温≤11℃，作为春季低温标准，亦称倒春寒(吴利红 等，2012)。满足倒春寒过程判定条件的首日为倒春寒过程开始日，满足倒春寒过程判定条件的最后一日为倒春寒过程结束日。

3.7.2 浙江倒春寒时间年际变化

浙江省 1971—2020 年倒春寒发生频数年际变化如图 3.17 所示。倒春寒每年发生频数在 0～2.2 次。2000 年、2003 年、2016 年发生次数为 0 次，1996 年及 2010 年发生次数最多，平均为 2 次以上。

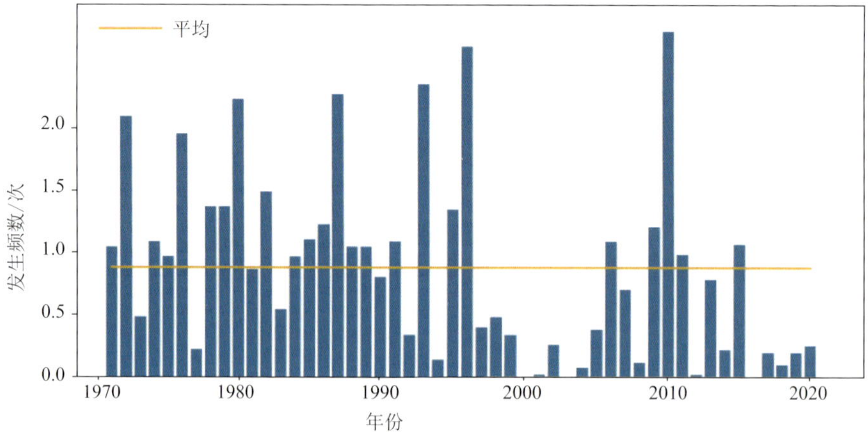

图 3.17 浙江省 1971—2020 年倒春寒发生频数年际变化

3.8 霜冻

3.8.1 定义

霜冻是由于日最低气温下降使植株茎、叶温度下降到 0℃或以下，使作物受到冻伤，从而导致减产、品质下降或绝收（郑国光 等，2019）。

当年天气由暖变冷时，首次出现霜冻的日期为初霜日；次年天气由冷变暖时最后一次霜冻的日期为终霜日；终霜日与初霜日之间的时段为无霜期。

浙江省平均终霜日自南而北为 1 月 31—3 月 30 日。

3.8.2 浙江霜冻特征

浙江省霜冻发生频数在 1979 年最多，1988 年次之；2006 年、2018 年、1998 年、1984 年发生频数最少，2019 年、2020 年、2001 年次之。据《浙江省气象灾害综合普查技术报告》指出：

浙江省霜冻危险性大致分布呈现为西北高、东南低的趋势，浙东南沿海台州及温州一带危险性较低。

3.9 春季连阴雨

春季连阴雨是我国江南地区常见的一种气象灾害。研究表明，其形成是一种超长波在长江流域活动的结果：东亚急流南北支上的槽脊位相不同甚至反相，这样南支向长江中下游输送的暖湿空气与北支输送的冷空气在长江中下游得以交汇，形成切变线和准静止锋。这种灾害往往由于持续时间长、影响面积大，对农业生产会形成较为严重的危害，特别是春季为农作物生长的关键期，此时若遭受低温连阴雨灾害，必将对农业生产带来严重损失（项瑛 等，2011）。

分析春季连阴雨时空分布、演变规律及对农业生产的影响，对调整浙江省农业结构、发展名特优新作物、合理安排春耕及茶叶的采摘等农事活动都具有重要意义。

3.9.1 定义

根据浙江省农业生产的实际情况，将春季（主要考虑 3 月中旬—5 月上旬）日降水量≥0.1 mm、日照时数≤3.0 h、雨日连续≥4 d 的天气过程，称为春季连阴雨。若连阴雨天气连续 8 d 以上（允许中间间隔 1 d），则为春季长连阴雨。

3.9.2 浙江春季连阴雨特征

浙江省春季连阴雨平均每年发生 1.2～2.5 次，每年平均 5.8～14.6 d，春季连阴雨年际变化较大。发生的频率地域差异表现为浙北地区少，浙中南多。

连阴雨对浙江省农业的危害，主要体现在长时间维持阴雨天气使农作物因水分过多形成渍害，同时因光照严重不足使农作物烂种、烂秧、小麦赤霉病。

春季连阴雨对油菜的正常生长发育和产量形成有不利影响。已有的研究发现，连阴雨不利于油菜株角果的形成，导致成荚受害。4—5 月的低温连阴雨对油菜造成的危害较大(姜爱军 等，1997；刘高平 等，2015)。春季连阴雨对山核桃、杨梅等经济作物也有较大影响。

3.10 风雹

3.10.1 定义

风雹指伴有冰雹和雷暴大风等的强对流天气过程，这两种天气现象经常相伴出现。由于受到高空切变、地面冷空气和不稳定能量等条件的共同影响，风雹具有社会危害性大、突发性强、预报难度大等特点，其来势迅猛，农作物轻则减产、重者绝收，会造成巨大的农业损失。因此，雷暴大风、冰雹天气预报一直是气象部门关注的焦点(郑国光 等，2019)。

根据《气象灾害调查与风险评估技术规范》，冰雹一般指降落于地面的直径大于 5 mm 的固体降水。根据雹日的规定，1 d 内只要出现冰雹过程，不论次数多少、降雹时间长短，均记为 1 个雹日。1 个雹日可能出现多次降雹过程，此时，降雹持续时间和冰雹直径取 1 个雹日当中的最大值。

雷暴大风即极大风速≥17.2 m/s(8 级)且伴有雷电的天气。因此，通常根据极大风速及雷电发生情况来判别雷暴大风事件。

3.10.2 浙江风雹特征

根据《浙江省气象灾害综合普查技术报告》：1971—2020 年资料统计显示，浙江省累积降雹 1400 次。从年际变化来看，1976 年降雹次数最多，为 83 次；1980 年次之，为 69 次；1999 年最少，为 3 次。浙江省冰雹事件主要集中在 3—8 月(图 3.18)，即春夏季节，占总频次的 92.5%，其中春季 4 月降雹次数最多，为 379 次。浙江省 1971—2020 年各市累积降雹频次，嘉兴市降雹频次最多，为 343 次；次多是丽水市，为 179 次；舟山市最少，为 16 次。

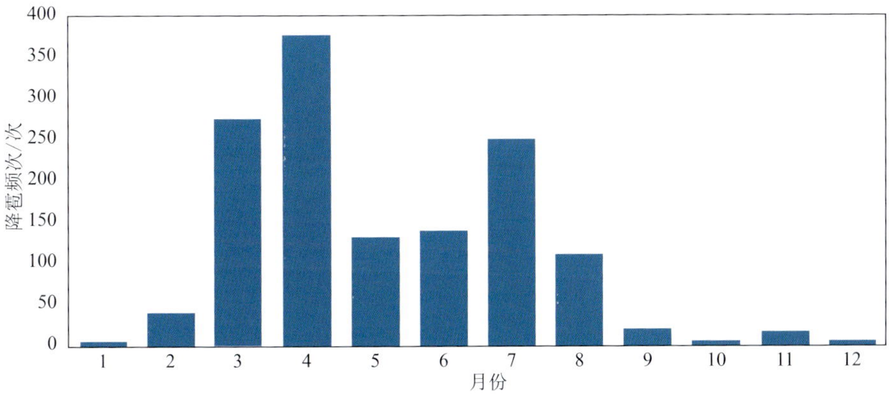

图 3.18 浙江省 1971—2020 年平均降雹频次月际变化

雷暴大风频次极大值最高出现在 2019 年，为 92 次，最低出现在 1999 年和 2000 年，均为 5 次。雷暴大风频次极大值最高出现在 4 月，其次出现在 3 月。一般雷暴大风频次极大值最高出现在 19—20 时。

第4章 气象指数保险相关气象要素释义简介

4.1 概况

气象指数保险设计依赖于长序列的气象要素资料。对气象要素的获取方式、定义及特点等相关内容的了解，有利于农户、保险公司、政府部门等对气象指数保险内容的理解，有利于保险公司就保险内容对参保农户的宣导。

就现阶段而言，基于国内针对为气候、天气、应用领域等服务的各种类气象站布设及其气象要素的设置情况，在气象指数保险设计中比较通用的基本气象要素为气温、降水、风等，这些气象要素值的变化能基本表征种植业或养殖业受高温热害、干旱、低温冷害、冻害、暴雨洪涝、连阴雨、台风、大风等农业气象灾害的影响程度。

本章将首先介绍与气象要素统计密切相关的气象部门采用的时制与日界，之后分别介绍气温、降水、风、雪深等这些在气象指数保险中广泛应用的气象要素的定义、统计、观测方法、特点等。

4.2 时制与日界

4.2.1 时制

为全球气象观测资料的交换需要，我国在气象上遵循的是世界时，全世界所有气象观测时次均按世界时进行观测，即所有地方的气象观测数据都是同一个时次进行的。

世界时是指格林尼治所在地的标准时间。

4.2.2 日界

北京处于国际时区划分中的东八区，同格林尼治时间(世界时)整整相差 8 h(即北京时＝世界时＋8 h)。日界线一般为北京时 08 时或 20 时，如 3 日降水量统计，为 2 日 20 时以后至 3 日 20 时期间 24 个时次的降水量累积。3 日平均气温，则为 2 日 20 时以后至 3 日 20 时期间 24 个时次的气温平均。

4.2.3　气象要素日界

气象上除了日照观测以日落为日界，其余气温、降水等观测项目均以北京时 20 时为日界(中国气象局，2003)。

4.3　气温

气温表示空气的温度，是表示空气冷热程度的物理量。地面观测中测定的是离地面 1.5 m 高度处的气温。气温的单位：℃，气象上观测读取数据精确到 0.1℃。

气象上的气温获取来自百叶箱。百叶箱是安置测定温度、湿度仪器用的防护设备，它的作用是防止太阳对仪器的直接辐射和地面对仪器的反射辐射，保护仪器避免受强风、雨、雪等的影响，并保证仪器感应部分有适当的通风，能真实地感应外界空气温度和湿度的变化。百叶箱气温观测还包含了日最低气温、日最高气温的观测。

4.3.1　日最低气温

日最低气温是指前一日 20 时至当日 20 时 24 h 内的最低气温值，由百叶箱内日最低气温表记录得到，是一个瞬间发生的温度。日最低气温一般发生在 05—06 时。

日最低气温是表征低温强度的指标之一，是农业气象灾害中的低温冷害、冻害等气象灾害的影响程度指标之一。一般在茶叶低温气象指数保险、枇杷低温气象指数保险等低温类保险中经常会用此气象要素作为理赔依据之一。

4.3.2　日最高气温

日最高气温是指前一日 20 时至当日 20 时 24 h 内的最高气温值，由百叶箱内日最高气温表记录得到，是一个瞬间发生的温度。日最高气温一般出现在 14—15 时。

日最高气温是表征高温强度的指标之一，在高温干旱、高温热害等气象指数保险中，不同级别的日最高气温及其发生日数常作为理赔依据之一。

4.3.3　高温日数

在气象上一般以日最高气温达到或者超过 35℃ 作为高温的标准，年内达到高温标准的累计日数称为年高温日数。

高温日数也是表征高温热害、干旱气象灾害强度的指标之一，在茶树高温热害等气象要素设计时应用过。

4.3.4　日平均气温

日平均气温是前一日 20 时至当日 20 时 24 h 逐小时气温平均值。

日平均气温是秋季低温、倒春寒等很多农业气象灾害发生的指标之一。

4.3.5 逆温层

一般情况下，大气温度随着高度增加而下降，一般垂直递减率为 0.6 ℃/100 m，即在陆地上，大约每升高 100 m，气温下降 0.6℃，从而形成一个随高度增加气温逐级下降的大气温度梯度。可是在某些天气条件下，地面上空的大气结构会出现气温随高度增加而升高的“逆温层”现象，导致不少参保农户困惑不解。如茶叶低温气象指数保险中，约定海拔高的测站的气温反而比海拔低的测站高。

下面简单介绍逆温层的定义、特性等，有助于进一步了解逆温层现象。

4.3.5.1 逆温层定义

一般情况下，大气温度随着高度增加而下降，可是在某些天气条件下，地面上空的大气结构会出现气温随高度增加而升高的反常现象，气象学上称之为逆温，发生逆温现象的大气层称为逆温层（何强 等，2004）。

4.3.5.2 逆温层的成因及分类

逆温发生有多种原因，主要有辐射逆温、平流逆温、地形逆温、下沉逆温、湍流逆温等。

（1）辐射逆温

经常发生在晴朗无云的夜空，由于地面有效辐射很强，近地面层气温迅速下降，而高处大气层降温较小，从而出现上暖下冷的逆温现象。这种逆温黎明前最强，日出后自下而上消失。辐射逆温的厚度可达几十米至几百米。在极地可达数千米厚（贺庆棠 等，2010）。

（2）平流逆温

暖空气水平移动到冷的地面或气层上，由于暖空气的下层受到冷地面或气层的影响而迅速降温，上层受影响较小，降温较慢，从而形成逆温。平流逆温多出现在秋冬季或春季，在一天中的任何时候都可能出现。冬季海洋上来的气团流到冷的下垫面上，或秋季空气由低纬度流到高纬度时，都有可能产生平流逆温（贺庆棠 等，2010）。

（3）地形逆温

它主要由地形造成，主要在盆地和谷地中。由于山坡散热快，冷空气循山坡下沉到谷底，谷底原来的较暖空气被冷空气抬挤上升，从而出现气温的倒置现象（周淑贞 等，1997）。

（4）下沉逆温

在高压控制区，高空存在着大规模的下沉气流，气流下沉的绝热增温作用致使下沉运动的终止高度出现逆温。这种逆温多见于副热带反气旋区。它的特点是范围大，不接地而出现在某一高度上。这种逆温有时像盖子一样阻止了向上的湍流扩散，如果延续时间较长，对污染物的扩散会造成很不利的影响。

（5）湍流逆温

由于低层的湍流混合而形成的逆温，叫作湍流逆温。当气层的气温直减率小于干绝热直减率时，经湍流混合后，气层的温度分布逐渐接近干绝热直减率。因湍流上升的空气按干绝热直减率降低温度，空气上升到混合层顶部时，它的温度比周围的低，混合的结果是上层气温降低；空气下沉时，情况相反，致使下层气温升高。这样在湍流减弱层会出现逆温（周淑贞 等，1997）。

4.3.5.3 逆温层的影响因素

（1）地理位置

中纬度地区更容易产生下沉逆温现象。纬线±30°地区，干燥空气下沉，压缩并自热，晴天多，雨水少。自热后气温比下层的空气高，较易导致逆温现象出现（何强 等，2004）。

（2）时间因素

逆温层的分布会随时间发生变化，以赤道为例，夏至时阳光直射北回归线，中纬度地区更容易产生逆温现象（何强 等，2004；黄建伟，2015）。

（3）天气因素

夜间少云时，地面热量散发较快，温度下降速度也随之增加，使地面温度和上部空气温度的差值降低，第二天早上出现辐射逆温的可能性也随之降低。降水天气会减少逆温的出现概率，大雾天气则会增加逆温的出现概率（何强 等，2004）。

（4）地形情况

多山谷多丘陵时，夜间冷空气停滞在山谷中，不随上层热气流通过，局部满足逆温形成条件，会更易导致逆温的出现。临海地区则由于海面冷空气吹入内陆而导致逆温层变窄，随后在沿岸地面产生逆温（何强 等，2004）。

（5）大气污染程度

大气污染越重，逆温层厚度越高，逆温现象越严重（杨彬，1991）。

4.3.5.4 逆温层对生产生活的影响

（1）积极影响

逆温层可以抑制沙尘暴的发生，因为沙尘暴发生的条件是大风、沙尘、强对流运动（何强 等，2004）。逆温出现在高空，对飞机的飞行极为有利。因为飞机在飞行中不会有大的颠簸，飞行平稳。同时，万里晴空提高了能见度，使飞行更加安全（何强 等，2004）。可应用于农作物种植，提高产量及质量。

（2）消极影响

不管是何种原因形成的逆温，都会对空气质量产生很大影响，它阻碍了空气的垂直对流运动，妨碍了烟尘、污染物、水汽凝结物的扩散，几十米甚至几百米厚的逆温层像一层厚厚的被子罩在城市的上空，近地面的污染物“无路可走”，只好“原地不动”，越积越厚，烟尘遮天蔽日，空气污染势必加重。同时，空气污染中毒事件大都与逆温有关（刘敏 等，2014）。如果连续出现几天逆温，空气污染物就会大量积累，易发生空气污染中毒事件。

(3)对农作物生产种植的启示

针对逆温带来的积极影响,虽然"人造逆温"暂时没有实现的可能,但是可以在有规律出现逆温的地区进行相应的生产活动。

如在一些山坡或河谷地区,逆温带有效地提高了谷地在冬季的温度水平,多年生果树越冬可不必埋土,冻害得以避免或减轻,而且果实硬度高,品质好;在这里发展蔬菜种植,可减少热能投入,提高经济效益;逆温层坡地还是当地牲畜避寒、越冬的理想场所。从该地逆温资源开发利用的角度来说,逆温的下部光热条件适中,一般以发展喜温凉的作物和蔬菜为主;逆温带的中部逆温现象强烈,冬暖夏凉,一般以发展果树和冬季蔬菜基地为主;逆温带上部降水充裕,以发展林、草和药材为宜。如中国的四川盆地、云贵高原的坝子都受逆温的影响增温,这是对农业生产有利的一面(李书敬,2011)。

4.4 降水

4.4.1 概况

降水量是气象指数保险广泛应用的气象要素之一,如杨梅气象指数保险产品,用到了采摘期间持续天数及其降水量。表征降水强度及持续时间的分别是规定时间内降水量的多少及降水日数的持续天数,如小雨、中雨、大雨、暴雨、大暴雨、特大暴雨以及短连阴雨、中连阴雨及长连阴雨等,短时间内降水量偏多、雨日持续时间长可导致农作物受淹及渍害,同时降水量及雨日偏少也是评判气象干旱的重要指标之一。

降水量有连续性降水、阵性降水等,如梅雨期间一般都是范围较大的连续性降水,而短时间的强对流天气一般都是阵性降水。降水有固态降水、液态降水、混合降水等。

4.4.2 降水定义

降水是指从天空降落到地面上的液态或固态(经融化后)的水(中国气象局,2003)。

4.4.3 降水形成条件及常见类型

4.4.3.1 形成降水的条件

形成降水的条件有3个:一是水汽条件;二是垂直运动条件;三是云滴增长条件。水汽由源地水平输送到降水地区,辐合上升,在上升中绝热膨胀冷却凝结成云,云滴增长变为雨滴而下降(朱乾根 等,2012)。

4.4.3.2 降水的常见类型

降水根据形成原因(主要是上升气流特点),可分为4种基本类型。

(1)锋面雨

锋面雨是由于冷暖锋交汇,暖湿空气因为密度小,会沿着锋面爬升,在上升过程中导致水汽凝结降雨。

锋面雨的特点：水平范围广、持续时间长、降雨强度小。

梅雨期间的雨大多具有锋面雨的特点。

(2)对流雨

近地面层空气受热或高层空气强烈降温，促使低层空气上升，水汽冷却凝结，形成降雨。

对流雨的特点：范围较小、强度不一、持续时间短，且随时间变化迅速。

午后雷阵雨，多属于对流雨。

(3)地形雨

地形雨是由于湿润的气团遇到高大山地的阻挡，在沿迎风坡爬升过程中温度降低，空气中的水汽凝结而降雨。

地形雨的特点：一般多发于盛行风的迎风坡，而盛行风的背风坡则形成了“雨影区”，降水稀少，气候干燥。

地形雨具有地域性特点，在某些迎风坡的山地，降水量特别大。

(4)台风雨

台风雨是由台风活动带来的降雨。

台风雨的特点：降水强度大并伴随着大风，常常出现“狂风骤雨”。

台风雨顾名思义，就是台风影响期间下的雨，一般强度较大，具有阵性特点，大多给农作物带来淹没及倒伏的危险。

4.4.4　降水属性分类

降水按其物理特征分为液态降水、固态降水和混合态降水*。

液态降水包含雨、阵雨、毛毛雨；固态降水包含雪、冰粒、米雪、阵雪、霰、冰雹；混合态降水包含雨夹雪、阵性雨夹雪。

4.4.5　降水量及其观测

降水量指某一时段内未经蒸发、渗透、流失的降水，在水平面上积累的深度。以毫米(mm)为单位，取一位小数。

以前，降水量的观测分为人工观测、自动观测两类，人工观测一般在02时、08时、14时、20时进行，各气象站任务不同，观测时次不同。2000年初以来，伴随着地面气象观测自动化改革，降水量观测逐步变为自动观测。

测量降水量的仪器中人工观测的仪器主要为雨量器。自动化改革之前，也采用自动记录降水变化曲线的降水自记仪器，主要采用虹吸式雨量计和翻斗式遥测雨量计；后续的自动观测仪器主要包括翻斗式雨量传感器、称重式雨量传感器*。

---

* 引自中国气象局气象干部培训学院《气象观测教程(试用本)》。

4.4.6 降水量统计

(1)日降水量

日降水量是指以北京时20时为日界,前一日20时至当日20时逐小时累计降水量(中国气象局,2019)。

(2)月降水量

月降水量指月内逐日降水量的累加值。

(3)年降水量

年降水量指年内逐日降水量的累加值。

(4)过程降水量

过程降水量指一次降水过程的累计降水量。

(5)累计降水量

累计降水量指一个时间段内降水量的累加。如1月1日—5月4日降水量,即为该时间段的累计降水量。

(6)年平均降水量

把一个地方30年逐年降水量累加值除以年份数,称为年平均降水量,气候学上有30年平均降水量的统计,一般按照1981—2010年、1991—2020年等30年统计,以此类推,2023年年平均降水量一般启用“1991—2020年”的30年整编资料。

(7)最大降水量

最大降水量为给定时段、给定区域内降水量的最大值(中国气象局,2016)。

(8)最小降水量

最小降水量为给定时段、给定区域内降水量的最小值(中国气象局,2016)。

(9)面雨量

面雨量为给定区域某一时段内单位面积上的平均降水量(中国气象局,2016)。一般采用一个区域内多站降水量的平均值或者其他的算术方法进行。

4.4.7 浙江降水量分布

浙江省常年平均降水量为1468.8 mm,各地分布在1087.2～2016.5 mm。降水量自北向南呈现增加趋势,其中,浙北地区及义乌、嵊州、诸暨、天台、丽水、普陀、嵊泗及玉环在1400 mm以下,嵊泗和嘉兴站在1200 mm以下,最少为嵊泗站(1087.2 mm);浙中地区及中部沿海地区主要在1400～1600 mm;降水量较多的地方主要在浙南及浙西等地区,大部分在1600 mm以上,降水量在1800 mm以上的站有两个,分别为开化和泰顺,最多的为泰顺站(2016.5 mm)。

从各月来看,1—12月呈现先增多后减少的变化。其中,3—9月为汛期,其降水量占全年的78%以上,各月平均降水量均在140 mm以上,其余5个月降水量较少,各月平均在 80 mm 以下。月平均降水最多的为 6 月(236.5 mm),最少的为 12 月(43.9 mm)。从各个季节分布来看,夏季降水量最多,为 557.0 mm,其次是春季 453.0 mm,秋季 281.2 mm,最少为冬季,只有 179.7 mm(王镇铭 等,2013)。

4.4.8　降水日数

(1)雨日定义

我国气象部门规定,凡日降水量≥0.1 mm 为一个雨日,日降水量不到 0.1 mm 的称为"微量",不算雨日。气象资料中的雨日,都是按照这个标准统计的。可以按月、年或任意时段统计雨日。

(2)降水量等级划分

为表征降水的强度,依据《降水量等级》(GB/T 28592—2012),降水量可以按照 12 h 降水、24 h 降水两个时间段进行等级划分,如表 4.1 和表 4.2 所示。

表 4.1　不同时段的降雨量等级划分

等级	时段降水量/mm	
	12 h 降水量	24 h 降水量
微量降雨(零星小雨)	<0.1	<0.1
小雨	0.1～4.9	0.1～9.9
中雨	5.0～14.9	10.0～24.9
大雨	15.0～29.9	25.0～49.9
暴雨	30.0～69.9	50.0～99.9
大暴雨	70.0～139.9	100.0～249.9
特大暴雨	≥140.0	≥250.0

表 4.2　不同时段的降雪量等级划分

等级	时段降雪量/mm	
	12 h 降雪量	24 h 降雪量
微量降雪(零星小雪)	<0.1	<0.1
小雪	0.1～0.9	0.1～2.4
中雪	1.0～2.9	2.5～4.9
大雪	3.0～5.9	5.0～9.9

续表

等级	时段降雪量/mm	
	12 h降雪量	24 h降雪量
暴雪	6.0～9.9	10.0～19.9
大暴雪	10.0～14.9	20.0～29.9
特大暴雪	≥15.0	≥30.0

4.5 风

4.5.1 风的定义

空气的水平运动称为风。风向是指风的来向，最多风向是指在规定时间段内出现频数最多的风向。人工观测，风向用十六方位法；自动观测，风向以度(°)为单位。

风速是指空气所经过的距离对经过的距离所需时间的比值，以米/秒(m/s)为单位，取一位小数(中国气象局，2003)。

4.5.2 风速统计

在气象部门中，风的观测及统计有平均风速、极大风速及最大风速。

(1)平均风速

平均风速是指在规定时间段的平均值，有2分钟和10分钟的平均值。

(2)极大风速

极大风速(阵风)是指某个时段内出现的最大瞬时风速值。瞬时风速是指3 s的平均风速值。

(3)最大风速

最大风速是指在某个时段内出现的最大10分钟平均风速值。

4.5.3 风速观测方法

测量风的仪器主要有EL型电接风向风速计、EN型系列测风数据处理仪、海岛自动测风站、轻便风向风速表、单翼风向传感器和风杯风速传感器等。

当没有测定风向风速的仪器，或虽有仪器但因故障而不能使用时，可目测风向和风力。

4.5.4　大风发生特点

大风天气主要有 3 类，一类是台风天气，主要发生在 7—10 月；另一类是强对流天气，主要发生在春、夏、秋三季，如飑线等发生时，有可能出现大风，对流强烈时，还有可能发生龙卷；还有就是冷空气大风，主要发生在冬季。

(1)台风大风

台风是热带气旋的一个类别。在气象学上，按世界气象组织定义：热带气旋中心持续风力在 12～13 级(即风速 32.7～41.4 m/s)称为台风(typhoon)或飓风(hurricane)。我国把南海与西北太平洋的热带气旋按其底层中心附近最大平均风力大小划分为 6 个等级，其中风力为 12 级或以上的，统称为台风。台风按等级又可分为一般台风(最大风力 12～13 级)、强台风(最大风力 14～15 级)、超强台风(最大风力≥16 级)。

(2)局地强对流大风

这是由强对流天气引起的，往往伴随着冰雹、短时强降水(≥20 mm/h)。强对流天气是发生在对流云系或单体对流云块中，在气象上属于中小尺度天气系统。这种天气的水平尺度一般小于 200 km，有的仅有几千米，是气象灾害中历时短、天气剧烈、破坏性强的灾害性天气。世界上把它列为仅次于热带气旋、地震、洪涝之后第四位具有杀伤性的灾害性天气。

(3)冷空气大风

北方冷空气入侵引起的大风，往往与降温、寒潮、雨雪天气相伴随。

因为大风灾害发生的尺度很小，气象站很难监测到参保区域的实际风速，导致气象指数保险基差风险很高，不太适宜做气象指数保险。目前可以尝试对台风灾害做气象指数保险。

4.6　雪深

4.6.1　雪深定义

雪深是从积雪表面到地面的垂直深度，以厘米(cm)为单位，取整数；雪压是单位面积上的积雪重量，以克/厘米^2(g/cm^2)为单位，取一位小数。

4.6.2　雪深观测

(1)人工观测

当测站四周视野地面被雪覆盖超过一半时，需要观测雪深；符合雪深观测条件时，应在每日 08 时观测雪深；若 08 时未达到测定雪深的标准，之后因降雪达到测定标准时，应在 14 时或 20 时补测一次雪深。雪深测量，读取厘米整数，小数点四舍五入；每次观测应做 3 次测量，求其平均值。平均雪深不足 0.5 cm 记 0 cm。

(2)自动观测

冬季前一个月启用雪深传感器，冬季结束后一个月停用。每 6 s 采样一个当前高度值，每分钟 10 个数据，经质量控制后，利用公式计算分钟雪深值。

4.6.3 雪压观测

当雪深达到或超过 5 cm 时，需要观测雪压，以人工观测为主。

第 5 章　主要气象指数保险释义

气象指数保险条款的内容涉及气象、保险、农业等多个行业，对于气象指数保险中的一些专业性内容需要详细的释义，有利于农户、保险公司、政府部门等能更好地理解保险条款内容，也有利于保险公司在开展气象指数保险业务时，对农户进行更精细化的宣导。在诸多的气象指数保险中，对于约定气象站、保险金额、保险期限等共性的概念将统一在 5.1～5.3 节进行释义，浙江主要气象指数保险将在 5.4 节分类别进行阐述。

5.1　约定气象站

5.1.1　测站类型

国内有多种类型的气象站，但大体上分为：国家基准气候站、国家基本气象站、国家一般气象站、区域自动站。一般将前三者简称"国家站"或"常规站"，后者简称"区域站"，其他还包含一些特色农作物的监测站，简称"农田小气候站"。

5.1.2　约定测站

气象指数保险所约定的气象监测站大多选择参保作物所在县（市、区）域内的测站。一般情况下，气温类、风力类的指数保险约定测站可以将区域自动站、农田小气候站等纳入约定气象站的选择范围，可根据作物所在区域风险高低，配置多个约定测站费率；而降水类的气象指数保险由于对测站维护要求较高，为使气象指数保险正常运行，常选择所在区域内的国家站作为约定测站，特殊情况下也可选择区域自动站，但必须做特定的维护，如安装监控、加强参保期间的巡视等维护工作，确保合同能正常运行。

一般来说，约定测站的选择应具备建站时间 5 年以上、气候资料具有较好的完整性、异常值少且气候代表性比较好等指标。可通过对各测站的缺测率、空间一致性、对比差值和粗差率进行综合评估，选取评分较高的测站进行数据延长等工作。

约定测站一经启用，需要确保测站的稳定运行，减少缺测等现象的发生，因此，在每年参保业务开始前，保险公司需要与当地气象部门进行对接，确认约定测站的运行情况，为接下来的投保与理赔做好准备。

5.1.3 备份站

一般来说，在确定约定测站后，为保障合同的正常运行，对每个约定测站会配套一个或两个相应的测站作为备份站点。这是由于观测仪器本身会发生故障，或在冰冻、大风等极端恶劣天气的影响下测站仪器会发生故障，数据会出现缺测、有野值等情况。为确保赔付的准确性，理赔所用的气象数据以投保时约定的气象站监测数据为准，但当该气象站仪器发生故障等原因导致数据失真或缺测时，应采用投保时约定的备用气象站数据为理赔依据，并将有关约定写入条款。

5.2 保险期限

保险期限也称保险期间，指保险合同的有效期限，即保险合同双方履行权利和义务的起讫时间。保险期限一方面是计算保险费率的依据之一，另一方面是保险人和被保险人双方履行权利和义务的责任期限。气象指数保险与传统农业保险的区别在于前者一般都有明确的年、月及日期作为保险期限。

保险期限分为单一保险期限和多保险期限两种，以保险单载明为准。

单一保险期：一般为当地种类单一、生育期大致相同的品种。以某县枇杷低温气象指数保险为例：保险期限为12月1日—次年3月31日。

多保险期限：一般是投保区域品种较多，生育期差异较大，或者一个品种参保多个生育期的情况，存在一个保险品种有多个保险期限。以甘蔗热带气旋风力指数保险为例，甘蔗分为两个品种，即广东黄皮、温岭果蔗，根据甘蔗实际种植时间以及品种，温岭果蔗保险合同的保险期限分为：秋植(7月11日—10月31日)、春植(7月11日—11月30日)。多保险期间，农户可根据种植的品种或作物生育期的实际时间进行选择性投保。

5.3 保险金额

保险金额是指保险合同中保险公司承担赔偿或给付保险金责任的最高限额，即投保人对保险标的的实际投保金额，如浙江省茶叶保险金额一般为1500元/亩，当某一年非常寒冷，极端低温核定为绝收时，按照一农户参保50亩计算，每户可赔偿50×1500＝75000元。同时保险金额又是保险公司收取保险费的计算因子之一。例如，约定测站的费率为12%，则保险费为1500×12%＝180元/亩。

由于财政等原因，目前政策性农业保险保障水平较低，一般为物化成本保障，气象指数保险是政策性农业保险的一种，因此，目前情况下大多数品种的保险金额仅保障物化成本，而不是收入损失保险。在参保前需要与农户宣导清楚。

保险金额的确定可由当地政府部门、农户、保险公司等协同商定。

5.4 浙江主要气象指数保险产品相关释义

5.4.1 茶叶低温气象指数保险

5.4.1.1 指数简介

茶叶低温气象指数保险是采用气象指数对茶叶进行风险管控的政策性农业保险产品。在保险期间，当气象监测点实测日最低气温达到起赔温度及以下并有理赔金额发生时视为发生保险事故，即可启动理赔机制。

2015 年起，浙江省绍兴地区和安吉县在全省率先推行了气象指数保险。茶叶低温气象指数保险定损模式，避免了在定损过程中产生的人为定损争议，减少了出险后农户报险、出险现场保护、等候专家定损等大量中间环节，有利于农户第一时间积极开展生产自救，减少农业灾害给农业生产造成的实际损失，为万亩茶园抵御寒潮撑起保险“大棚”。通过 7 年持之以恒地推进、宣传、方案优化，该险种逐步扩面，保费规模逐步扩大，保险方案已经基本覆盖浙江省茶叶所有种植区域。

5.4.1.2 品种分类

如表 5.1 所示，依据茶叶开采期的先后，由农业、气象等相关部门将浙江省茶叶品种分为 A、B、C 三类。

A 类为早生类品种，开采时间最早在 2 月初左右。

B 类为中生类品种，开采时间一般在 3 月中旬前后。

C 类为迟生类品种，开采时间一般在 3 月下旬至 4 月上旬。

表 5.1　浙江省常见茶叶种类 A 品种、B 品种、C 品种划分

茶叶种类	A 品种	B 品种	C 品种
嘉茗一号(乌牛早)	●		
平阳特早	●		
智仁早	●		
春雨 1 号	●		
黄叶早	●		
浙农 113		●	
浙农 117		●	
白叶 1 号		●	
薮北		●	

续表

茶叶种类	A品种	B品种	C品种
浙农139		●	
龙井43		●	
龙井长叶		●	
中茶102		●	
中茶108		●	
福云6号		●	
迎霜		●	
银猴		●	
白茶		●	
黄金芽		●	
福鼎大白茶		●	
中黄1号		●	
中黄2号		●	
翠峰		●	
槠叶齐		●	
菊花春		●	
其他无性系品种		●	
鸠坑群体种等有性系品种			●
木禾			●

备注:茶叶分类一般按照上表进行分类,如与实际有差别的,按照茶叶实际采摘时间来确定品种。

不在上述列举范围的茶叶品种,可由当地县级及以上农业管理部门根据茶叶品种的生长属性及采摘时间,协调统一后确定A、B、C品种的归类。

5.4.1.3 保险责任释义及理赔规则详解

茶叶低温理赔的约定气象要素为日最低气温,即在保险期间,约定测站发生起赔温度及以下的日最低气温时,按照发生日期且对应约定赔付表,有保险金额发生时才触发理赔。

茶叶在一次冻害后,气温回升依旧会抽芽产生产量,茶叶具有多茬收获的特性,经多方专家讨论,在条款中确定了10 d为周期进行理赔,在保险期间内实行累计计算赔偿,并规定了一个周期内理赔的多条细则,目的是贴近客观现实进行合理理赔,以确保受到冻害的茶叶都能够得到理赔而又不重复理赔，如在条款中规定：若理赔日为理赔周期的最后一天，且次日仍持续触发理赔，则理赔周期顺延，直至触发理赔结束，赔款按该顺延理赔周期内（顺延理赔周期指触发理赔之日起至触发理赔结束止）赔偿金额最高一次计算赔付。该条款规定的目的是在受到严重冻害后，同一次灾害不应有两次大赔。

5.4.2 杨梅采摘期气象指数保险

5.4.2.1 指数简介

杨梅在成熟采摘期间，正值浙江省梅雨季节，持续性的强降水是导致梅农收益受损的关键性气象灾害。

首个杨梅采摘期降雨指数保险于2015年在浙江省台州市仙居县启动。目前保险产品已经覆盖全省杨梅主产区，发展成为浙江省第一大保费规模的气象指数保险险种。

依据杨梅种植区域不同情况，浙江省内分为高山杨梅条款、平原杨梅条款。平原杨梅保险保障的是杨梅采摘期间遭受连阴雨灾害及伴随较大降水量时受到的损失。部分区域有保障出梅后的高温强降水天气对杨梅落果烂熟的保险。

杨梅采摘期降水指数保险是指在保险期间内，投保杨梅所在区域的降雨日、降雨量达到一定条件，则视为保险事故发生，农户即可获得赔偿。

5.4.2.2 保险责任释义及理赔规则详解

24 h降水量：气象上用前一日20时—当日20时降水量进行统计。以绍兴上虞区为例，6月18日、19日日降水量分别达到10.5 mm、15.0 mm，即18日降水量是17日20时以后至18日20时的降水量，为10.5 mm。

白天采摘时间段降水量（以仙居为例，05—12时）：表示当日04时以后至12时之间的累计降水量。

连续降水首日：理赔日为连续降水日的第一天，采用第一天的发生时间找到约定赔付金额。如6月18—22日持续连阴雨，以6月18日为理赔日，找到赔付表中对应的6月18日那天的理赔金额进行理赔。

过程日最大降水量：以连续降水时段内最大降水量的那一天为准。如6月25日降水量为14.0 mm，6月26日降水量为10.5 mm，6月27日降水量为20.0 mm，6月28日降水量为15.5 mm，则过程日最大降水量为20.0 mm。

日期平均值：理赔日为连续降水的首日与末日日期平均值。如连续降水日为6月21—28日，则平均值为(21＋28)/2＝24.5，四舍五入后为6月25日。

过程平均降水量：达到理赔标准的连续降水日各日降水量之和除以天数。如6月21日、22日、23日、24日降水量分别为11.2 mm、15.3 mm、32.0 mm、56.3 mm，则过程平均降水量＝(11.2＋15.3＋32.0＋56.3)/4＝28.7(mm)。

约定测站：杨梅降水采摘期气象指数保险采用当地国家气候站数据。由于杨梅参保时间恰为浙江梅雨期间，梅雨带多为西南—东北走向的狭长雨带，雨带滞留时间较长，影响范围大，降水量多，降水性质多为大范围连续性降水，国家站的降水量具有较强代表性，与杨梅种植基地的降水量级上差别不是太大。如果一定要在杨梅基地附近选择区域自动站，应加强测站维护措施，以确保雨量计不发生故障，以免合同不能持续进行。

5.4.3 枇杷低温气象指数保险

5.4.3.1 指数简介

枇杷低温气象指数保险自 2015 年于余杭区开始试点，目前已扩面至浙江省枇杷主产区运行。运行多年来，产品性能稳定，保障了 2016 年、2021 年等年份的大灾损失，枇杷农户从试探性参保到每年排队买保险，对气象指数保险的认识有很大的提升，参保面积及保费规模也逐年上升，产业得到很好发展。

5.4.3.2 保险责任释义及理赔规则详解

头花、二花、三花及幼果：浙江省枇杷自 10 月始花以来，南北地域花期不一致，浙江南部温州、台州等地三花结束较早，一般在 1 月底之前就结束；浙中北余杭塘栖、兰溪等区域枇杷，三花一般在 2 月上中旬结束，即使在 1 月遭遇极端低温，仍然会有少量产量存在。在 1 月底遭遇－6℃以下的低温，浙南绝收的可能性高于浙中北。幼果与花同存，幼果的抗寒性远低于花，一般幼果在－3℃及以下受冻。

约定气象要素：枇杷低温指数理赔的约定气象要素为日最低气温，即在保险期间内，约定测站发生起赔温度及以下的日最低气温时，按照发生日期且在约定赔付表中有保险金额发生时才能触发理赔。

理赔规则：按照条款规定触赔发生一次，作为临时理赔值，保险期内选取最高临时理赔值作为最终理赔值（每亩赔偿金额）赔付一次。

5.4.4 油茶低温气象指数保险

5.4.4.1 指数简介

油茶是高品质的一种食物油，浙江省为油茶大省，且发展迅速，面积增加很快，主产区主要在丽水、衢州、台州等地。目前已经在丽水、衢州有参保区域，未来有较大的扩面前景。

油茶开花坐果期间持续低温会抑制山茶花结果和幼果形成，影响次年茶油产量、质量。油茶低温气象指数保险是指在保险期间内，投保油茶所在区域的低温值达到规定温度以下时，则视为保险事故发生，农户即可获得赔偿。

5.4.4.2 保险责任释义及理赔规则详解

约定气象要素：油茶低温气象指数保险约定的气象要素为日最低气温，在花期、休眠期、幼果形成期，长时间的低温会加重冻害的发生。在本指数保险中，最后理赔的低温值计算包含了日极端最低气温及其持续时间的影响。

低温值:每个生育期时段内油茶对低温的敏感性不一致,需在每个时段统计不同指标下的低温天数获取强度系数,最终获得低温值。

理赔规则:在保险期结束后进行统计理赔,只赔一次,在保险期内各时段遭遇低温冻害对应赔付额最高的值作为最终理赔金额。

5.4.5　山核桃花期连阴雨气象指数保险

5.4.5.1　指数简介

山核桃 4 月下旬开始进入授粉期,5 月中旬幼果形成,这段时间的降雨对山核桃的坐果率尤为重要,雨日多且强度大会直接影响山核桃的开花期及产品质量。山核桃连阴雨气象指数保险是指在保险期间内,投保杨梅所在区域的雨日达到一定条件,则视为保险事故发生,农户即可获得赔偿。

该条款针对两个不同的花期时间段分别进行条款设计,花期较前的主要为低海拔地区,花期较后的主要是高海拔区域的山核桃林。

5.4.5.2　保险责任释义及理赔规则详解

雨日:以气象部门日降水量(20 时—20 时)≥0.1 mm 为一个雨日,单位:天(d)。

累计雨日:在保险期内,符合雨日条件的合计其发生天数。

降水强度系数:影响因子为参保期平均降水量的大小,平均降水量越大,强度系数越大;反之,系数越小。强度系数影响理赔金额,降水强度不强,即使雨日较多,对花期授粉影响也不是很大。

保险期内,累计雨日大于 15 d(不含)时,视为保险事故发生,保险人按照保险合同的约定承担赔偿责任。

5.4.6　甘蔗热带气旋风力指数保险

5.4.6.1　指数简介

每年夏秋期间,地处沿海的温岭等地常受热带气旋危害,导致甘蔗倒伏或折断,影响其产量和商品性,给蔗农带来不同程度的经济损失。传统的甘蔗种植保险,理赔需要查勘定损,导致出险后由于保险业务人员人手不足而错过施救黄金期。

甘蔗热带气旋风力指数保险,是指台风影响期间,以站点实测逐日极大风速为出险及赔付依据,无现场查勘环节,成功实现了保险理赔、甘蔗施救同步进行。2020 年甘蔗热带气旋风力指数保险方案成功落地。

甘蔗热带气旋风力指数保险一经推出,受到了众多蔗农的欢迎,当年就有 4802 亩甘蔗投保,约占全市甘蔗种植面积的三分之一。

5.4.6.2　保险责任释义及理赔规则详解

热带气旋影响期限:指影响参保县(市、区)所在地的热带气旋,以当地气象局发布预警及解除预警为准。

保险责任：仅仅对热带气旋影响时产生的大风负保险责任，其他天气系统如强对流天气、冷空气等影响下产生的大风不予赔偿。保险期间发生多个热带气旋时，每个测站分别累加多个热带气旋影响下的最大赔偿金额；保险期结束后取各站累加值的最大值作为最终赔付金额，以保险金额为限。

第 6 章　浙江省主要气象指数保险宣导案例

气象要素本身具有的客观性、公开性使得气象指数保险相对于传统保险产品能够避免信息不对称、逆选择和道德风险，此外气象指数理赔成本低、赔付时效性强，因此气象指数保险成为传统农业保险的替代产品有一定的空间。目前，气象指数保险已在浙江省内多地推行，涉及茶叶、杨梅、枇杷等多个经济作物。自运行以来，产品供不应求，各地保费规模逐步上升，形成了一定的保险市场，但气候系统各子系统内部物理过程相当复杂，彼此之间有动量、质量、能量的交换与传输，因此极端气候事件的发生具有不确定性，如农户间歇性参保会导致遭遇气象灾害时缺少保障，如诸暨香榧高温气象指数保险自 2019 年运行以来，连续 3 年无赔付，2022 年农户参保率下降至零，但当年发生严重高温干旱，赔付率可达 714%。因此，保险公司要加强对农户的科普宣导，提高农户分散风险的意识，正视农业气象指数保险，正确引导农户购买保险。以下是几个指数保险的成功案例，可以作为浙江省保险公司宣导的基础资料。

6.1　杨梅采摘期气象指数保险

杨梅产业是浙江省多地农民致富增收的支柱性产业，为了延长杨梅成熟期，浙江省利用垂直气候优势，发展了平原杨梅及高山杨梅种植，此外，还有大棚杨梅，使得浙江省杨梅自 5 月底到 7 月中旬均有杨梅陆续供应市场。

杨梅在成熟可采摘后，一般在 15 d 内采摘完成，一旦杨梅采摘期间发生持续较强降水，将导致落果率增加，使梅果品质降低、产量下降，给梅农造成较大损失。

杨梅降雨气象指数保险是针对杨梅采摘期因降雨造成的经济损失进行赔偿的新型保险方式。在保险期间内，投保杨梅所在区域的降雨量达到一定条件，则视为保险事故发生，农户即可获得赔偿。

首个杨梅采摘期降雨指数保险于 2015 年在浙江省台州市仙居县启动。仙居东魁品种的杨梅，俗称“仙梅”，全国闻名。据调查，仙居的采摘模式是 03—04 时开始，到中午采摘结束，下午一般不采摘鲜果，如果 04—12 时遭遇强降水，会影响采摘，持续多天强降水导致仙居杨梅品质下降。采用仙居个性化杨梅采摘期降水指数保险方案后，深受仙居梅农好评，老百姓一亩杨梅地的保费，只要几斤杨梅的价格即可参保，仙居县保费规模从 2015 年的 100 多万元，增加到 2020 年的 900 多万元；承保户数由 2015 年的 12 户增加到 2021 年的 9402 户；运行 6 年间，较好地保障了 2015 年、2017

年、2019年的梅汛期持续强降水灾害,弥补了梅农的经济损失。

在仙居县杨梅气象指数保险获得成功后,梅农互相传颂,近年来杨梅采摘期降雨指数保险也已逐步在全省杨梅主产区推广普及,兰溪、上虞、萧山、桐庐、长兴、青田、台州地区、温州地区所有县(市、区)等主产区陆续在几年内开展了杨梅降雨指数保险,由于各地品种、采摘时间、灾害种类等不同,各地的保险条款有个性化的修改。

2022年杨梅保费规模为近6000万元,全省历年平均赔付率在94%左右,在这几年的灾害中,政府补贴基本都转移到了梅农的手上,扶持了杨梅产业的健康发展。目前,杨梅保险已成为浙江省第一大规模的气象指数保险,在多地出现供不应求的现象。

6.2 枇杷低温气象指数保险

浙江省最早的枇杷低温气象指数保险试点是杭州市余杭区塘栖镇,依据枇杷产区极端最低气温、灾害损失建模设计得出损失赔偿比例。产品科学性强,方案直观明了,承保、理赔方式方法简单高效。保险产品上市后第一年就遭遇了几十年一遇的−7.8℃的极端最低气温。据调查,此次低温导致塘栖大部分枇杷产量损失在80%以上,只有灾前采取防御措施及水域边上的少量枇杷园地还有40%左右的产量,损失相当严重。

塘栖枇杷第一年(2015—2016年)参保人数较少,只有几十万元的保费规模,但保险公司的赔付率在500%以上,并迅速启动理赔,给予受灾之后的农户及企业有力的灾后恢复生产支持,之后塘栖枇杷保险出现了农户每年排队购买保险的火热场景。参保8年来,枇杷农户有序参保,每年不间断,塘栖枇杷也从产业化较差、农户枇杷成熟后大多上街兜售的模式,通过农业、保险部门等多部门的努力,销售渠道及品牌包装都上了一个台阶,逐步让老百姓感受到了政府对整个枇杷产业的扶持。目前,余杭塘栖枇杷保险已实现了应保尽保的规模,产业规模化也大大提升了,种植面积也在陆续扩大。参保面积从2015年的1000多亩迅速扩大到2021年的约2.7万亩;保费收入由2015年的40多万元增加到2021年的近1000万元,投保面积较2015年年底增加了15.79倍。目前,余杭区枇杷低温气象指数保险已经成为余杭地区最具影响力的地方特色农业保险险种,有力地支持了余杭区枇杷产业的健康发展,气象指数保险在余杭塘栖形成了一种良好的保障机制和农户乐意接受的保险新模式。

得益于余杭塘栖的成功经验,枇杷低温气象指数在浙江全省枇杷农户间有了良好的口碑,并陆续在台州黄岩、温岭、温州永嘉、金华兰溪等全省枇杷主产区推广。2021年2月8日下午,温州市永嘉县农业局领导、枇杷合作社果农代表将一面绣有“创新指数保险,护航‘三农’发展”的锦旗送到了浙江省气候中心农业保险工作站。

2020 年年末至 2021 年年初两次寒潮天气产生的叠加效应，使得永嘉县枇杷基本绝收。永嘉县枇杷低温气象指数保险共投保 4197 亩，获赔款 486 万元，浙江省气候中心助力太平洋保险公司快速理赔，减少农户损失，助力灾后复产。果农代表诚挚地感谢浙江省气候中心，因其设计的枇杷低温气象指数保险在这次低温到来之际，为他们解决了燃眉之急。温州永嘉农户对气象指数保险有了更进一步的了解，这是几年来磨合的成果，在气象指数保险的创新领域是一个很大的进步，农户充分意识到在大灾绝收无望的时候，农业保险资金送来了温暖，点燃了希望。

通过几年来的运行，该保险项目切实发挥了保险保障与经济补偿的应有作用，帮助农户及时恢复灾后生产，让参保农户真正尝到参与农业保险的好处，助力农户提高种植积极性，提升扩大生产信心，实现增产增收，真正体现了保险姓保的正确理念，也充分提高了广大农户对农业保险的认识。

6.3 茶叶综合气象指数保险

每年 2—4 月春茶采摘期间，浙江省茶叶易遭受低温霜冻灾害，从而导致茶农减产减收，甚至绝收。为保障农户基本收入、提升茶叶种植抵御低温的能力，浙江省于 2015 年推出茶叶低温指数保险。茶叶低温保险曾经是浙江省最早开发的气象指数保险类险种，也是浙江省气象指数保险第一大险种，浙江省有 300 多万亩茶园，除舟山(海岛)、嘉兴(平原)两个地区外，其余 9 个地区均有茶叶种植，低温霜冻冻害对明前茶的损伤最为严重。2015—2018 年，保险期间每年都有几个周期的冻害理赔，尤其是 2016 年 3 月 10 日前后全省性的一场春雪，导致 A、B 两品种茶叶冻害严重，全省性赔付率在 100％～300％，之后茶叶低温保险需求不断，成为全省第一大险种，尤其是 A 品种需求最大。A 品种是 2 月开采的最早生品种，主要是乌牛早、平阳特早类的品种，受春季冻害的频率很高，由于是全省最早的明前茶，经济效益也最为显著。但 2019—2021 年，全省春季低温强度不强，茶叶冻害发生较少，农户因无灾渐渐对茶叶低温保险失去热度，参保面积及保费规模逐年下降，但同时，茶叶秋冬旱及高温热害灾害不断，农户普遍反映，2019 年秋冬旱最为严重，受 2019 年秋旱影响，2020 年春季茶叶减产都较重，早品种损失在 20％～30％，鸠坑种损失在 10％～15％，2013 年、2017 年也曾遭遇过秋冬旱造成的茶叶减产。此外，浙江夏季易出现高温天气，当温度上升到茶树所能忍耐的临界温度以上时，会使茶树遭受热害，茶树遭受热害后不能正常生长发育，茶树产量和品质急剧下降死亡，不仅会造成当年茶叶减产甚至绝收，严重的还会影响到次年春茶的产出。

为保障产业的可持续发展态势，针对茶树灾害，浙江省气候中心开发了包含春季低温、高温热害、秋冬干旱的茶叶综合保险，并于 2021 年在衢江区、龙泉市、安吉县开始试运行，该综合保险为全省首个茶叶类综合政策性农业保险。2021 年一经推出，就有 269 户茶农进行投保，投保亩数为 6069.84 亩，当年保费收入共计 114.7 万元，当年赔付率约为 104%。

茶叶综合气象指数保险不仅能够保障低温冻害，还能进一步保障高温热害、干旱，是一项全面综合的茶叶气象指数保险，能够切实保障茶农利益，提高茶叶种植全过程中抵御气象灾害风险的能力，进一步拓宽了服务领域，助力精准扶贫和乡村产业振兴。

6.4 甘蔗热带气旋风力指数保险

浙江省温岭市是台风经常光顾的地方，历史上较多强台风在温岭登陆，如 2004 年 8 月的“云娜”台风、2019 年 8 月的“利奇马”台风，这对 7—9 月进入生长期的甘蔗影响很大，会发生折断、倒伏等现象而导致甘蔗减产损失，影响甘蔗的产量和含糖量，给蔗农带来不同程度的损失。

就气象指数保险而言，一般风力指数基差风险较高。大风有冷空气大风、强对流大风、台风大风等，风力气象指数保险很难开展的主要原因是产生强风的天气系统往往尺度较小，尤其是强对流天气导致的强风风力气象指数保险，如没有精细密布的气象站配合，很难设计及成功运行。农户对风力指数的需求呼声很高，这是个较难的课题。之前甘蔗保险有传统保险的条款，但运行以来，因传统保险需等灾后保险公司上门查勘定损，失去了施救黄金期，不利于灾后恢复生产及将灾害降低到最低水平，参保人数越来越少。

经过浙江省气候中心的研究以及与当地农险办、农户的多次沟通，仅仅保台风大风灾害的甘蔗风力指数保险，相对来说是比较可行的，可落地实施。

温岭现有甘蔗种植面积约 1 万亩，主要以温联果蔗、广东黄皮果蔗为主。每年夏秋期间，甘蔗高度已经在 1.5 m 之上了，甘蔗地受热带气旋危害后一般会导致甘蔗大面积倒伏或折断。2020 年浙江省气候中心围绕“强理赔、利农户”的总体思路，结合温岭的实际情况，设计了甘蔗热带气旋风力指数保险方案，并成功落地。

甘蔗热带气旋风力指数保险，是指台风影响期间，以站点实测逐日极大风速为出险及赔付依据，减少现场查勘环节，成功实现了保险理赔、甘蔗施救同步进行，在监测台风风力时，采用气象站网捕捉极大风速，确保当保险事故发生时，农户能够得到相应赔偿。

甘蔗热带气旋风力指数保险一经推出，受到了众多蔗农的欢迎，2020 年就有 4802 亩甘蔗投保，约占全市甘蔗种植面积的三分之一。当年遭遇“黑格比”台风后，甘蔗发生大面积倒伏，保险公司无须现场查勘定损，直接按照风力等级对应的赔付额进行赔付，台风过后，蔗农及时扶正，促进了农户防灾减灾的积极性，也促进了甘蔗种植的良性发展。2020 年，蔗农累计收到赔款 298.36 万元，赔付率达 148.81%。保险运行 3 年来，投保户数总量达 1794 户，投保亩数达 1.46 万亩。

甘蔗热带气旋气象指数保险的落地，是气象指数保险创新的又一有益尝试，对推动甘蔗生产具有积极效应，为更多的蔗农保驾护航，进一步发挥了农业气象保险支持复工复产的有效功能。此外，对浙江省沿海地区其他作物遭受热带气旋风力影响的风力指数设计也有很好的借鉴作用。

6.5　山核桃花期连阴雨气象指数保险

山核桃价高味美，是杭州市临安区等地农户的主要收入来源，对山核桃影响最关键的气象灾害是花期低温连阴雨。一般来说，临安区山核桃 4 月下旬开始进入授粉期，5 月中旬幼果形成，这段时间的持续强降雨对山核桃的坐果率影响很大，连阴雨会直接影响山核桃产量及品质。

临安区山核桃保险最初是在岛石乡试点，当时农户对气象指数型的保险了解也不够深刻，主要是花期连阴雨损失没有像杨梅、茶叶形成果实时的直接损失来得明显，同时对于客观化理赔的气象指数保险，是“一锤子”的客观的理赔方式，与传统农业保险理赔模式完全不同，农户在接受上有个过程。最初 2018 年起保后，参保农户较少，2021 年将保险产品完善后，扩大为整个临安区实施，在保险时间上，也由单一的保险时间变为两个保险时间段（平原和高山的花期有些差异），各地可根据不同地区山核桃盛花期的时间来选择保险时间；参保面积有了提高，但也仅仅只有岛石镇的农户和企业参保。2021 年启用新条款后刚好遇到了比较强的花期连阴雨灾害，赔付率高达 250%；2022 年，临安区其他区域种植山核桃的乡镇农户及企业也纷纷参与投保，参保面积比 2021 年增加了 5000 多亩，是 2021 年的 1.5 倍左右，逐步进入一个良好的保险模式。

随着临安山核桃农户们对气象指数保险的理解逐步深入，保险参与度也在逐年增加，农户们知道可以通过参与气象指数等政策性保险，增强自身抗风险能力。积极推广和落实山核桃花期降水气象指数保险，能够有力减小花期连阴雨对山核桃的产量以及产业经济造成的冲击，对防范与化解产业风险有着举足轻重的作用。

第7章　浙江省主要名优产品主产区及关键性气象灾害

浙江省名优农产品丰富，经济价值高，有些已成为当地农户的主要经济来源之一，但浙江省气象灾害严重，农户对政策性农业保险呼声较高，需求不断。本章主要介绍浙江省主要名优农产品分布及其遭受的主要气象灾害，为有关部门设计相关保险产品提供基础数据。

7.1　杨梅

7.1.1　概况

杨梅是我国著名的特产果树，风味独特，营养价值高，原产于我国温带、亚热带湿润气候区，主要分布在长江流域以南、海南岛以北地区，浙、苏、闽、粤、皖、湘、黔、滇、川等省均有种植(缪松林 等，1995)。浙江杨梅面积、产量全国第一、世界第一，品种及生产技术全球领先(柏德玟 等，2021)。

杨梅树喜冬季温暖，春、夏季湿润的气候，低温冻害、台风、采摘期连阴雨等多种气象灾害是影响杨梅产量和品质的主要因素。

在正常气候条件下，浙江杨梅的主要生育期为：开花期(3—4月)、果实发育成熟期(5月—7月上旬)、花芽分化和秋梢生长期(7—10月)、休眠期(11月—次年2月)(陈宗良，2002)。

浙江杨梅品种主要为东魁、荸荠、丁岙和晚稻杨梅4种。东魁杨梅以台州为主，荸荠杨梅以宁波为主，丁岙杨梅以温州为主，晚稻杨梅主要集中在舟山一带。

7.1.2　浙江省杨梅主产区

据柏德玟等(2021)统计，浙江杨梅从1984年种植面积为1.51万 hm^2、产量为3.32万t，到2019年面积达8.88万 hm^2，产量达61.84万t，产值达46.38亿元。2019年面积、产量、产值分别占全省水果的27.6%、13.4%、26.1%，面积及产值居全省水果之首。

浙江杨梅集中产区有台州、温州、宁波、丽水、金华5市，5市合计种植面积占比87.5%，产量占比90.2%，其中台州、温州、宁波3市的杨梅面积、产量分别占全省的72.7%、78.3%(图7.1)。

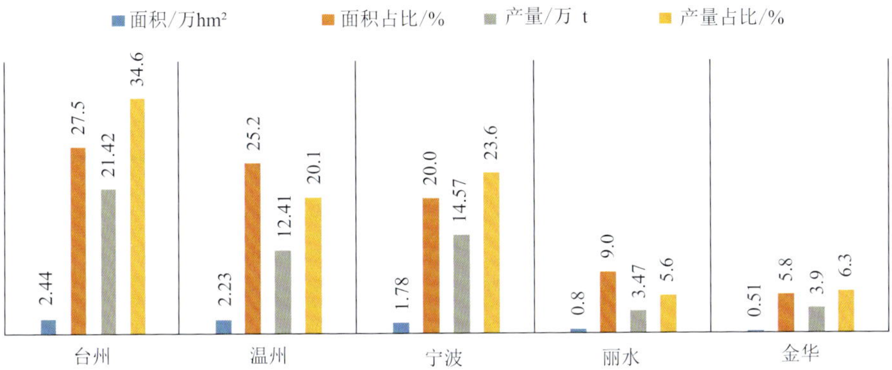

图 7.1　浙江省杨梅主产区种植面积、产量及占比

全省年产量在 5000 t 以上的县(市、区)有 25 个，1 万 t 以上的有 18 个，5 万 t 以上的有 3 个。仙居县杨梅面积最大，达 0.86 万 hm^2，占全省杨梅面积的 9.7%。占全省杨梅面积或产量 5%以上的有仙居县、临海市、永嘉县、慈溪市、余姚市、青田县、台州黄岩区等地；以临海市杨梅产量最高，达 7.37 万 t，占全省杨梅产量的 11.9%。其他如杭州、绍兴、湖州、舟山等地也有种植，种植区域比较集中的为杭州萧山区、桐庐县、绍兴柯桥区、湖州长兴县、舟山市定海区等(图 7.2)。

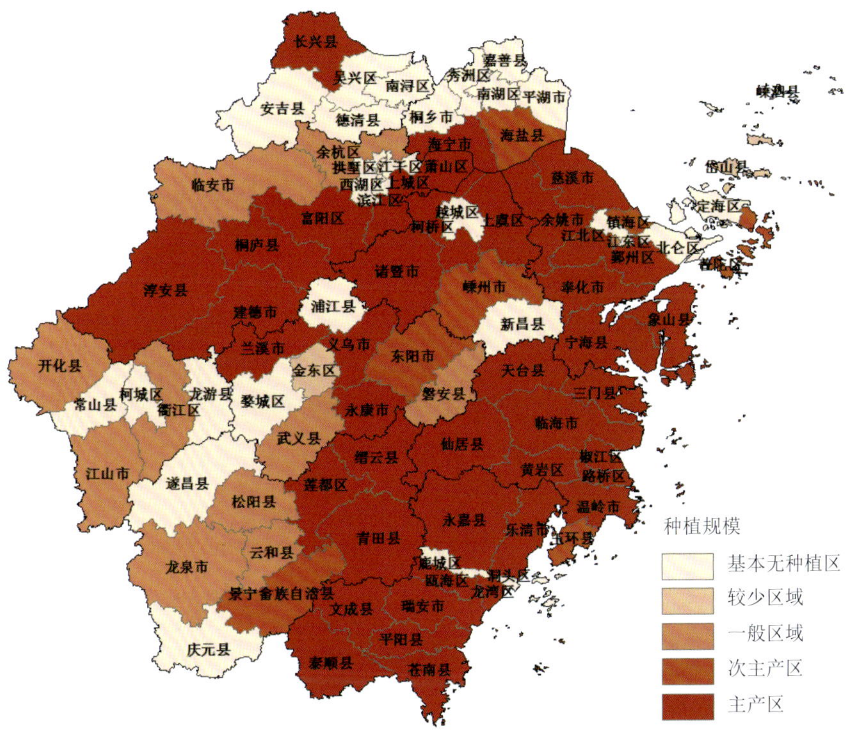

图 7.2　浙江省杨梅种植分布

7.1.3 杨梅主要气象灾害

(1)采摘期连阴雨

杨梅成熟期最怕持续性强降水,连阴雨不仅危及杨梅产量,还危害品质。持续连阴雨导致农户采摘困难,参加农家乐采摘的游客也大大减少,成熟杨梅在树上易落果,遇到了持续连阴雨,更易落果,导致产量及品质受损。

浙江省温州等地有迟熟杨梅种植,一般在7月上中旬陆续进入采摘期,而此时浙江一般已出梅,在较高气温情况下,遭遇一场大雨天气,会造成杨梅的产量损失及品质下降。

(2)低温灾害

在生产上习惯认为,日最低温度低于-9℃,杨梅树体就会严重受冻,造成大幅减产(陈志银 等,1991),有调查认为日最低气温$\leqslant -7$℃且其持续3 d,第二次来临间隔时间又不到10 d的情况下,杨梅树也会出现冻害(陈方永 等,2009)。因此杨梅不能种植在海拔较高的地方,一般临界高度为600 m。杨梅在不同生育期受低温灾害的指标不同,在花期遇到$\leqslant 0$℃低温会导致花器冻结,如果气温低于2℃,就会影响开花和受精。

(3)大风

杨梅树冠高大而根系浅,枝条松脆,强对流、台风天气易造成杨梅枝条折断,甚至整株倒伏。

7.2 茶叶

7.2.1 概况

浙江是我国重要的产茶大省,也是绿茶大省,茶叶产业在浙江农业中具有很高地位,2019年浙江茶叶产值达到224.74亿元,在农业产值中的占比达14.09%,是山区、半山区农民赖以生存的产业。虽然浙江在茶园规模和产茶量方面不占优势,但浙江名优茶发展迅速,在品牌和品质方面都受到肯定。

按照春茶产出开采期分类,主要分为三大类,分别是特早生、中生及迟生茶树。

7.2.2 浙江省茶叶主产区

据2020年数据统计,浙江省茶叶总面积约307万亩,全省除了嘉兴和舟山不产茶外,其他9个地区均有种植。其中种植面积最大为丽水,杭州市次之,绍兴市位居第三,浙江省有25个主产茶区,主要分布在浙西北、金衢盆地、浙东山区及丘陵地带、浙南地区。

浙江省茶叶主要种植区域分别是杭州市区（西湖区、富阳区、临安区）、建德市、桐庐县、淳安县、宁波市区、余姚市、奉化市、安吉县、德清县、长兴县、绍兴市区（越城区、柯桥区、上虞区）、诸暨市、嵊州市、新昌县、金华市区（婺城区）、东阳市、武义县、浦江县、磐安县、兰溪市、衢州市区（衢江区、柯城区）、江山市、开化县、龙游县、临海市、仙居县、天台县、丽水市区（莲都区）、松阳县、遂昌县、缙云县、景宁县、永嘉县、文成县、泰顺县、苍南县、平阳县、乐清市、瑞安县等（图 7.3）。

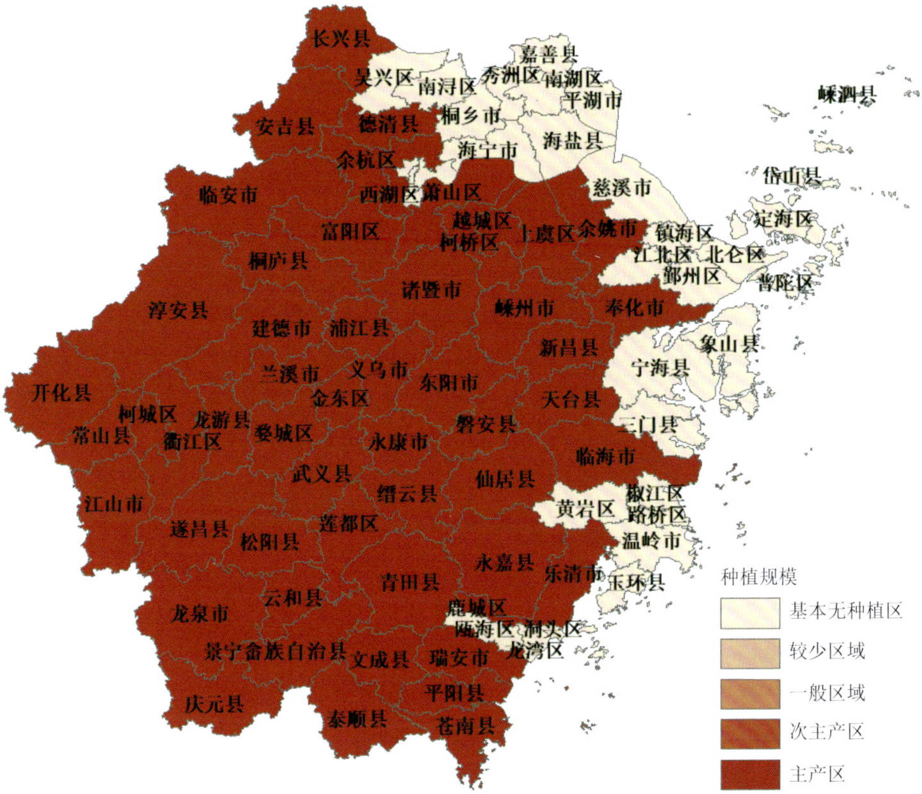

图 7.3　浙江省茶叶种植分布

7.2.3　茶叶主要气象灾害

茶树原产于我国西南亚热带地区，喜湿润温暖的环境。但茶树种植区冰雪、寒潮、干旱、高温等各种气象灾害发生频繁，使茶树枝叶受到伤害，最终导致减产甚至绝收，影响和制约了茶叶经济发展。常见的茶树气象灾害主要有冻害、霜冻害、高温热害、旱害等（娄伟平 等，2021）。

（1）冬季低温冻害

受北方强冷空气影响，在晚秋或初冬出现强降温天气、冬季出现强低温或雨雪冰冻，使茶树冻伤或冻死，茶树遭受冻害后不仅会造成次年茶叶减产，甚至绝收，严重的还会影响到以后数年的产出。冬季出现－11℃低温可使弱耐寒性品种(小叶种)遭受严重冻害，出现－15℃低温可使强耐寒性品种(小叶种)遭受严重冻害。

在低温冻害影响过程中，一般北坡茶园受冻重于南坡，地势低洼、地形闭塞的小盆地、洼地等，冷空气容易沉积，茶树受冻最严重。

随纬度或海拔增高，茶树越冬期最低温度、负积温、低温持续时间增加，因此在高纬度、高海拔立地条件下的茶树容易受冻。

(2)春季霜冻

早春气温回暖茶芽萌动后茶树抗寒能力减弱，当气温低于0℃或以下时，会使已经萌动的茶芽遭受冻害，失去经济价值；出现－3℃以下的低温冻害时，可使茶丛中下部长出萌发的茶芽冻伤，失去经济价值。

春季霜冻害的发生与地形关系密切。强冷空气影响时，在地势低洼、地形闭塞的小盆地、洼地、坡地下部，冷空气容易沉积，茶树受冻较重；山坡地中部，空气流动畅通，茶树受冻较轻。

(3)高温

不同茶树品种的生物学最高温度存在差异，一般认为当最高气温达到35℃时，新梢生长缓慢或停止；当最高气温持续在40℃以上时，会造成枝梢枯萎，叶片脱落，幼龄茶树死亡。

低丘陵茶园热害重于山地茶园，南坡热害程度重于北坡。另外，如果茶园东北方向为山坡，西北面和东南面被山坡包围，热量容易积累，从而造成茶树热害。

(4)干旱

茶叶正常生长需月降水量在100 mm以上。长期无雨或少雨的气候条件，会造成茶树生长受阻、茶叶减产甚至植株死亡。根据发生季节，茶树旱害可分为春季干旱、夏季干旱、秋季干旱和冬季干旱。其中夏季干旱往往伴随高温，使茶树旱害加重。夏季干旱对夏秋茶生产影响较大。秋季干旱是指在立秋后发生的干旱，秋季干旱不仅影响秋茶生产，还会对次年春茶造成严重影响。

干旱对茶树生育、产量和品质的影响与干旱持续时间和干旱强度直接相关。如2009年秋季到2010年春季云南出现有气象记录以来最严重的干旱，3月26日，云南约80%即400万亩茶园受灾，造成春茶减产50%左右，经济损失10亿元。气温偏高，造成茶树蒸腾作用加强，需水量加大，从而加重干旱危害。如2013年浙江省夏季茶树遭受的严重危害是高温干旱共同作用的结果。在冬季，干旱与低温相结合，会对茶树造成严重危害。

7.3 枇杷

7.3.1 概况

枇杷是常绿果树，是全国享有盛名的传统特色果品，原产于亚洲东南部，适应于亚热带东部温暖湿润的气候条件，一般在年平均气温 12℃ 以上的地区就能生长（中国农业科学院，1960）。枇杷有白沙、大红袍等 10 多个品种。浙江省枇杷一般在 10 月下旬始花，2 月中旬结束三花，南北有差异，5 月上旬陆续成熟。

枇杷花期及幼果期怕低温冻害，接近果实成熟期怕高温日灼及裂果。

7.3.2 浙江省枇杷主产区

据《2019 年浙江省水果产业发展报告》统计，全省枇杷面积 20.8 万亩，总产量 8.72 万 t，总产值 7.76 亿元。主产区种植面积约 8.6 万亩，年产量约 3 万 t，年产值近 5 亿元，主要分布在台州市、杭州市、宁波市、金华市、丽水市，有 8 个主产区，分别为杭州市余杭区、台州黄岩区及路桥区、金华兰溪、宁海、丽水、湖州德清、温州永嘉，杭州的桐庐、淳安也有种植（图 7.4、图 7.5）。

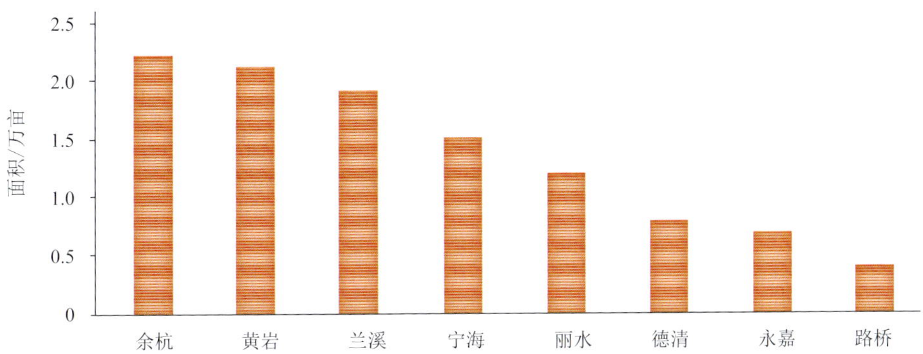

图 7.4　浙江省枇杷主产区种植面积分布

7.3.3 枇杷主要气象灾害

（1）枇杷花果期低温冻害

枇杷低温冻害的强弱取决于低温发生的程度及当地花期、幼果期的时间，头花、二花、三花大致时间在 10 月至次年 2 月中旬不等，浙北与浙南花期不同，浙北花期明显迟于浙南，相同低温发生时两地冻害程度也不相同。黄寿波等（2000）认为：枇杷花器冻害的温度指标为 −6℃，幼果冻害的温度指标为 −3℃。以余杭塘栖为例，一般三花在 2 月中旬结束，之后为幼果期，低温冻害可以分为两个主要影响时期：第一期发

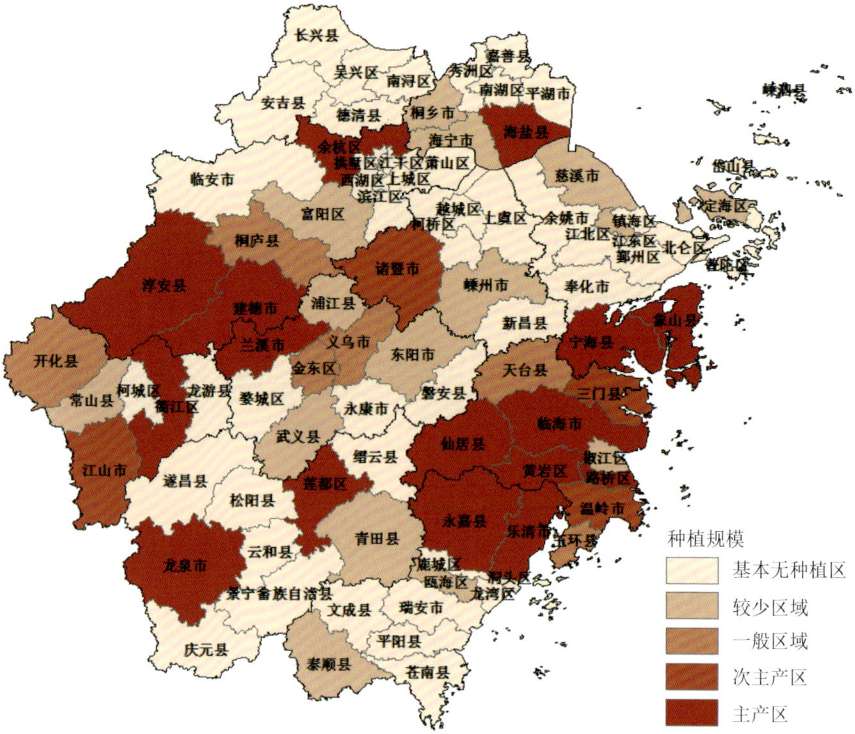

图 7.5 浙江省枇杷种植分布

生于 2 月中旬以前，发生−6℃以下的低温，除了冻死幼果外，之后依靠三花长成的幼果还会有一定的产量收获，但一般果型偏小，影响产量及品质。2 月下旬之后，三花结束，幼果形成，此时发生−3℃以下的低温，会严重影响产量，甚至绝收。

（2）枇杷成熟期高温危害

何富泉等(1989)研究表明，在果实转色期，遇晨雾、无风或微风、烈日高温(≥30℃)天气，易被灼伤。一般将日最高气温 30℃作为临界温度，在果实临近成熟期，遭遇高温极易使暴露在树冠外围的果实发生日灼和裂果(邱继水 等，2009)。

7.4 油茶

7.4.1 概况

油茶是我国特有的木本食用油料树种，有 2000 多年的栽培历史，现有种植面积 5700 多万亩，约占全国木本油料作物总面积的 45%，产值超过 390 亿元。油茶栽培主要分布在长江流域及其以南的 14 个省(区、市)，江西、湖南、广西占全国油茶总面积的 75%以上，浙江省油茶种植面积近 300 万亩，稳居全国第 4 位(付杰 等，2015)。

油茶喜温、喜光、喜酸性土，海拔主要分布在 100～600 m。

7.4.2　浙江省油茶主产区

油茶在浙江省分布很广，山区、丘陵地带都有种植。据不完全统计，全省现有油茶面积近 300 万亩，主要分布在衢州、丽水和金华等地市（付杰 等，2015），丽水和衢州两个地区约占总面积的 80%，其中常山、青田、丽水莲都区、云和、仙居等 25 个地方占总面积的 90%，油茶面积在 20 万亩以上的有常山、青田、莲都 3 个县（市、区），10 万亩至 20 万亩的有遂昌、云和、开化 3 个县（市、区）（图 7.6）。

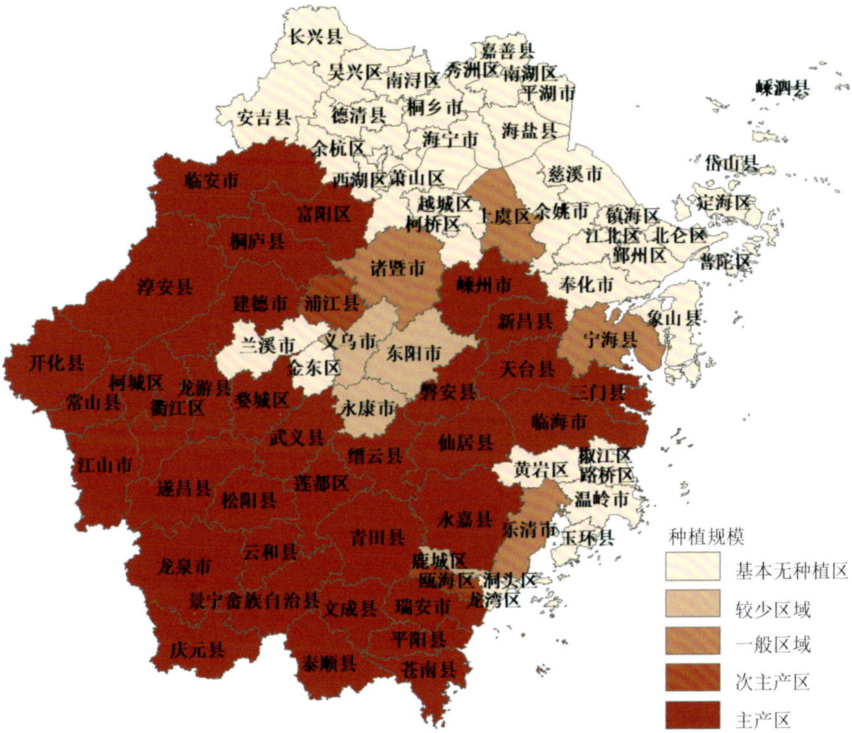

图 7.6　浙江省油茶种植分布

7.4.3　油茶主要气象灾害

（1）高温干旱

7—8 月正是油茶果实增长和油脂形成时期，高温干旱会影响果实膨大及油脂转化，不利于果实形成或导致果实不饱满。

（2）大风

大风会造成落花落果，影响产量，尤其是沿海地区，台风影响频繁，会导致严重落果。

(3)冻害

花期油茶开花授粉阶段,出现低温冰冻天气,会造成油茶大量落花落果。盛花期出现低于－2.5℃的低温,会冻坏花蕾,冻死传粉地蜂,造成次年减产(左青 等,2007),随着最低气温更低和持续时间增长,减产幅度增大,一般减产3成以上,甚至减产近9成(王道藩,1983)。此外,在油茶休眠期遭遇极强低温也会影响油茶产量,尤其是2—4月的春寒及倒春寒天气会严重影响油茶幼果形成,造成较大减产。

7.5 柑橘

7.5.1 概况

柑橘是浙江省传统水果和优势水果,也是浙江省主要特色经济作物之一。柑橘主栽品种温州蜜柑占柑橘面积的50.6%(其中早熟、特早熟温州蜜柑占60%,中晚熟温州蜜柑占40%),椪柑占19.2%,胡柚、红美人、甜橘柚等杂柑占16.3%(其中胡柚占5成,红美人占2.5成),玉环柚、苍南四季柚等柚类占4.6%,甜橙仅占1.7%(柏德玟 等,2021)。

柑橘属亚热带和热带常绿果树,具有喜温暖湿润、怕寒冷、不耐干旱的生态气候特性。低温冻害是浙江省柑橘生产的主要农业风险之一,它常常引起浙江省柑橘产量的大幅度波动,制约着柑橘的优质生产。

7.5.2 浙江省柑橘主产区

浙江省80多个县(市、区)有柑橘经济生产,其中年产量在1万t以上的有32个,5万t以上的11个,10万t以上的6个。以临海市柑橘面积最大、产量最高,分别为1.16万 hm^2、26.25万t,分别占全省柑橘面积、产量的13.1%、14.3%;占全省柑橘面积5%以上的,还有常山县、象山县、衢州的衢江区及柯城区、淳安县等地(图7.7);占全省柑橘产量5%以上的,还有柯城区、常山县、衢江区、象山县、建德市等地(柏德玟 等,2021)。

7.5.3 柑橘主要气象灾害

影响浙江省柑橘生产的气象灾害有低温冻害、5月上半月高温干旱等。自2000年以来,随着灌溉条件的改善,干旱对柑橘产量影响减小(娄伟平 等,2009)。

(1)低温冻害

气温是影响柑橘生长的一个重要环境因子,它不仅关系到柑橘的分布和正常生长,还直接影响柑橘的产量和品质。柑橘生长的适宜环境是:年平均气温大于15℃,极端最低气温在－3℃以上,生长期最适宜气温在23～29℃。柑橘在越冬期间因低

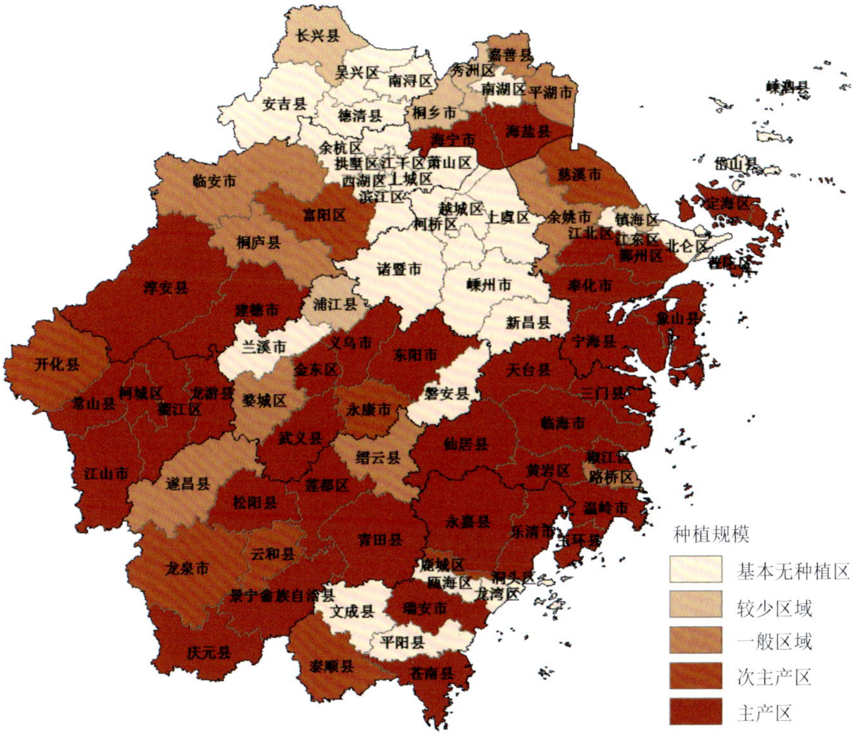

图 7.7 浙江省柑橘种植分布

温造成的伤害称为柑橘冻害。通常以极端最低气温（T_L）作为柑橘冻害的气象指标，将冻害分为$-5℃\leqslant T_L<-3℃$、$-7℃\leqslant T_L<-5℃$、$-9℃\leqslant T_L<-7℃$、$-11℃\leqslant T_L<-9℃$和$T_L<-11℃$ 5 个级别（沈兆敏，1998）。

毛裕定等（2007）将浙江省柑橘主产区分为沿海地区、浙中、西丘陵地区。沿海地区的轻度冻害指标为年极端最低气温在$-5\sim-3℃$，中度冻害保险为年极端最低气温在$-7\sim-5℃$，重度冻害为年极端最低气温在$-9\sim-7℃$；浙中、西丘陵地区与沿海地区的低温区间取值错开一级，即年极端最低气温在$-7\sim-5℃$为轻度冻害，$-9\sim-7℃$为中度冻害，$-11\sim-9℃$为重度冻害。

一般柑橘抗低温的能力为本地早＞温州蜜柑＞椪柑＞甜橙＞柚（许昌燊 等，1999），柑橘性喜温暖怕冻，20 世纪 70 年代以来，浙江省也多次出现较严重冻害天气，1976 年冬春、1991 年冬、1999 年、2004 年、2008 年、2011 年、2013 年、2016 年、2018 年，浙江柑橘产区先后遭低温侵袭，当（次）年柑橘产量锐减。

（2）高温干旱

5 月柑橘一般处于花期及坐果期，高温热害能造成柑橘减产，严重高温可造成柑橘大幅度减产。5 月上半月最高气温在 30℃以上天数越多，对柑橘的开花结果影响越大，高温会导致异常落花落果。

柑橘抗旱能力较强，但发生严重干旱会影响果实生长发育，降低单果重而降低产量。

7.6 胡柚

7.6.1 概况

胡柚为芸香科植物柚与甜橙的自然杂交品种，起源于衢州市常山县青石乡胡家村，又名“常山胡柚”，是中国珍贵的柑橘种质资源，栽培历史近100年（吴耕民，1987；赵雪梅 等，2007）。胡柚具有产量高、营养价值高、耐贮藏等优良特性，深受广大消费者青睐（龚榜初 等，2008）。

胡柚产业已发展成为常山县最具特色、规模最大的农业支柱产业，常山大力推动胡柚由“普通水果”向“功能水果”转变，目前常山主要产品有胡柚宝（黄酮素）、胡柚精油、柚子茶、胡柚酵素等10多个产品，已然实现了全果利用。

7.6.2 浙江省胡柚主要产区

常山胡柚主产于浙江省衢州市部分地区，主要分布在常山县，衢州的衢江区及柯城区、龙游、江山、开化等地也有种植，近年来常山胡柚（简称“胡柚”）在浙江金华和江西、福建、湖南、湖北等地得到了迅猛发展（龚榜初 等，2008）。据2020年统计，仅仅常山县胡柚种植面积就达10.5万亩（图7.8）。

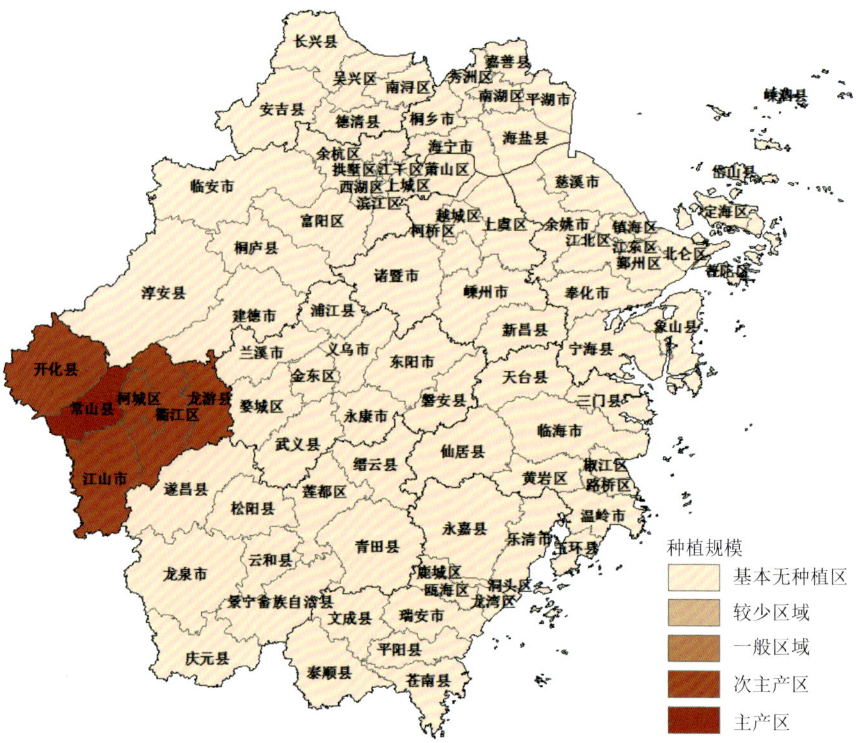

图7.8 浙江省胡柚种植分布

7.6.3 胡柚主要气象灾害

胡柚是亚热带常绿果树，喜温暖湿润的气候环境，最怕低温冻害和高温干旱。

(1)低温冻害

冻害不仅影响胡柚的生长发育，导致产量下降、品质降低，而且削弱树势、降低果树抗寒能力。汪红燕等(2008)研究指出，极端最低气温连续低于－3℃的天数对当年产量影响最显著，如果连续超过 3 d 时，可引起较大的减产。

(2)高温干旱

持续高温会导致胡柚幼果异常落果，影响当年产量；果实膨大期持续高温干旱严重影响当年产量(曹炎成 等，2015)。

7.7 桃子

7.7.1 概况

桃是我国重要的果树种类，在中国已经有 4000 年栽培历史，其产量及面积居世界第一。桃是浙江第二大落叶果树，在全省各类水果中，其产量和面积均位居第 4 位(张慧琴 等，2019)。

浙江省桃的主栽品种中水蜜桃与黄桃比例为 7∶3，湖景蜜露占 26.8%，玉露占 11.3%，油桃、蟠桃、油蟠桃也成为各地新宠(柏德玟 等，2021)。

7.7.2 浙江省桃子主产区

《2019 年浙江省水果产业发展报告》表明，浙江省桃园面积 46.86 万亩，产量 46.67 万 t，产值 14.47 亿元。桃产区遍布全省 80 多个县(市、区)，其中年产量在 5000 t 以上的有 26 个，1 万 t 以上的 16 个，3 万 t 以上的 3 个。以奉化区桃园面积最大，为 0.26 万 hm^2，占全省面积的 8.4%；占全省面积 5%以上的还有丽水莲都区，占全省桃产量的 9.3%；占全省桃产量 5%以上的还有奉化区、富阳区、嵊州市等地。丽水桃园占全省面积的 16.9%、宁波占 16.4%、杭州占 13.8%、台州占 13.0%、绍兴占 11.5%、金华占 10.8%，6 市合计占 82.4%(图 7.9)；以产量计，杭州占全省产量的 16.5%、丽水占 16.4%、宁波占 14.8%、绍兴占 13.7%、台州占 11.4%、嘉兴占 10.4%，6 市产量合计占 83.2%(图 7.10)。产区分布较为均衡(柏德玟 等，2021)。

7.7.3 水蜜桃主要气象灾害

(1)花期及幼果期低温连阴雨灾害

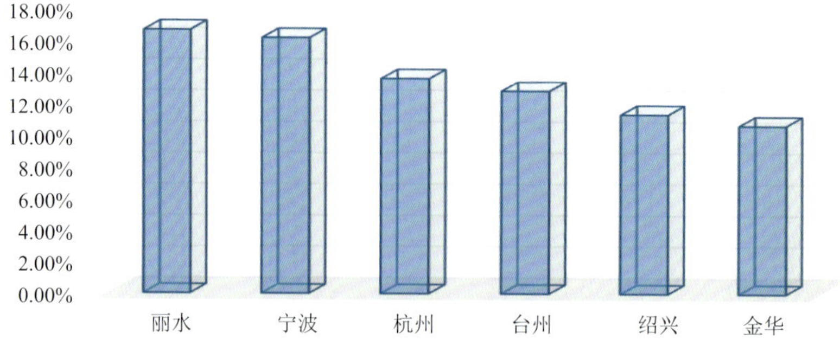

图 7.9 浙江省桃主产区占全省面积比

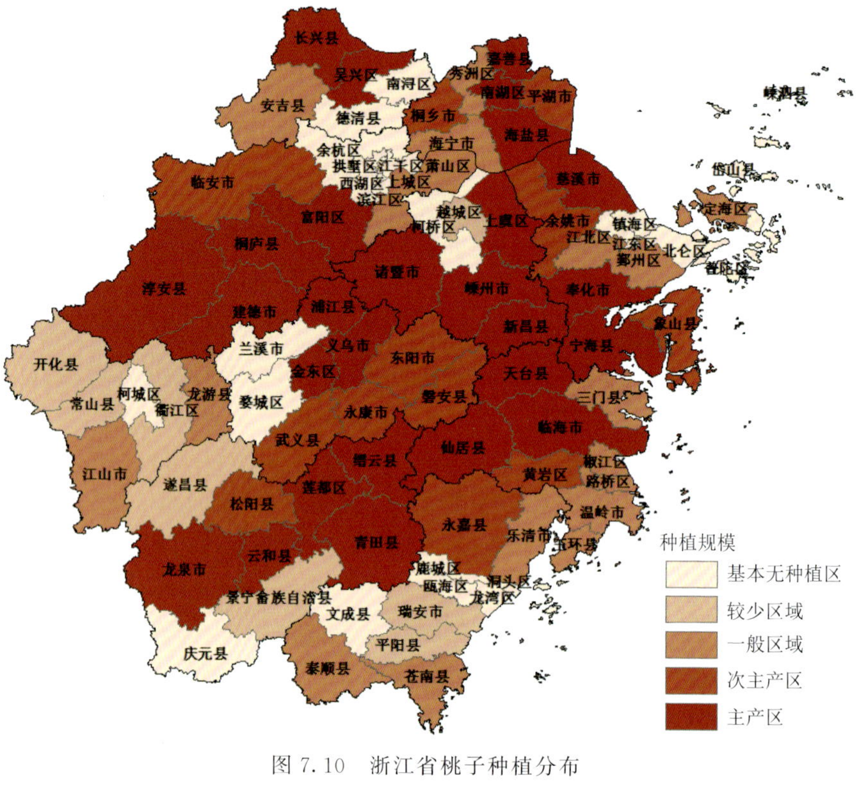

图 7.10 浙江省桃子种植分布

水蜜桃开花授粉期间，若降水多、气温低，不利于水蜜桃开花授粉，造成异常落花落果，坐果率明显下降。

(2)硬核至成熟期大风及强降水灾害

水蜜桃在硬核至成熟期遭受大风及强降水，产量及品质均会受到较大影响。浙江省在水蜜桃成熟季节，沿海地区会遇到台风灾害，大风及强降水会导致落果严重。

(3)成熟期高温灾害

连续2 d以上出现超37℃的高温晴热天气,会出现果实日灼现象,影响水蜜桃的商品性(丁烨毅 等,2021)。

7.8 梨

7.8.1 概况

浙江省是我国砂梨主产区,在栽培科技水平、品种以及人才队伍等方面在南方地区处于领先地位。浙江省梨成熟期较早,比同一品种的其他区域要提早半个月以上,具有较强的地域优势。

7.8.2 浙江省梨主产区

据柏德玟等(2021)统计,浙江省梨面积为30.45万亩,产量为38.09万t,产值14.47亿元。2019年梨栽培面积、产量、产值分别占全省水果栽培面积、产量、产值的6.3%、8.3%、8.2%,均列第5位,是全省主栽水果之一。主栽品种翠冠梨的种植面积有1.6万 hm^2,占梨栽培面积的59.7%,翠玉占近5%,黄花梨、清香也占有一定份额。梨产区遍布全省80多个县(市、区),其中年产量在5000 t以上的有24个,1万t以上的14个,3万t以上的1个。以桐庐县梨面积最大,为0.11万 hm^2,占全省梨面积的5.6%,余杭、慈溪、海宁、松阳等地梨面积占全省的4.0%~4.3%;以慈溪产量最高,为3.09万t,占全省梨产量的8.1%。占全省梨产量5%以上的,还有嘉兴市秀洲区、海宁市、桐庐县和余姚市等地。以面积计,集中产区杭州占全省面积的19.4%、金华占15.4%、丽水占13.8%、宁波占13.1%、台州占10.6%、嘉兴占10.0%,6市合计占82.3%(图7.11)。图7.12为浙江省梨种植分布。

7.8.3 梨主要气象灾害

(1)花期低温阴雨

梨开花坐果期间,遭遇异常偏低气温、连阴雨等多种不利天气,梨着果数量会大幅减少,造成减产。且低温出现得越晚,对梨树的危害程度越重,所造成的损失就越大,如盛花期遭遇寒流,花朵完全开放,雌蕊及柱头最不抗冻,极易造成绝收。据调查表明,梨花期耐寒力由强到弱顺序依次为现蕾>开花>幼果形成,未开放的花能忍受半小时−2℃低温,幼果形成期仅能忍受半小时−1℃低温(何胜礼 等,2003)。

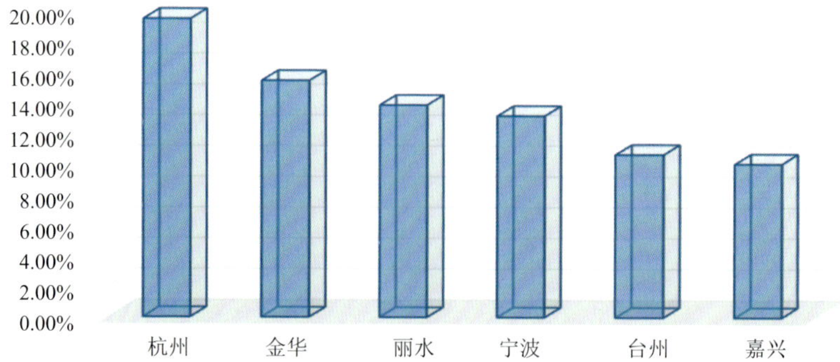

图 7.11　浙江省梨主产区占全省面积比

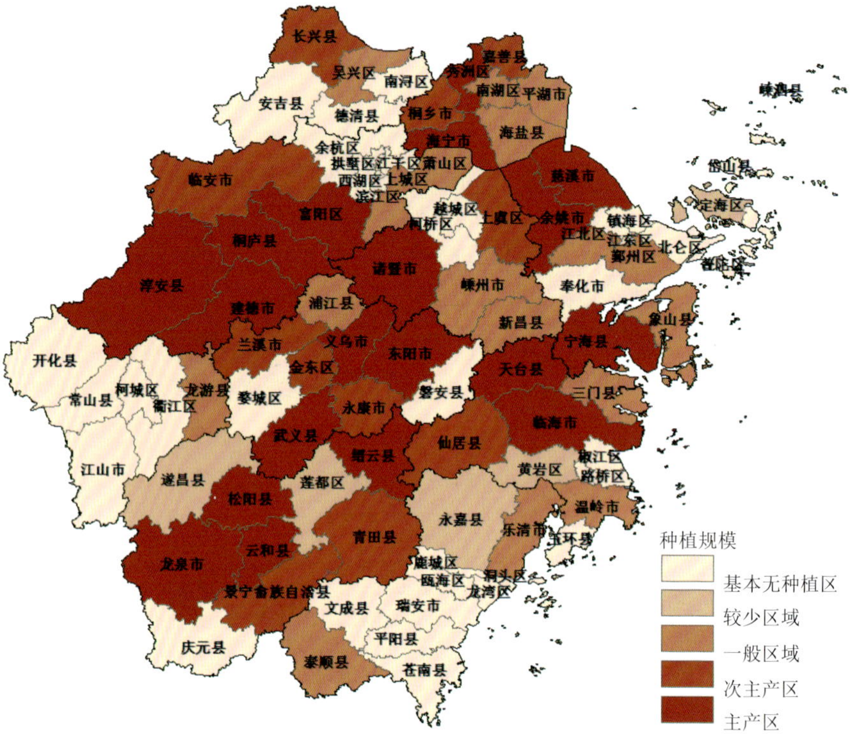

图 7.12　浙江省梨种植分布

(2)大风

强对流大风及台风会导致梨树落果、树体倒伏等灾害。尤其是台风，由于风力持续时间长，夹杂着暴雨，对梨果落果及损伤的影响尤其大。

7.9　猕猴桃

7.9.1　概况

我国是猕猴桃的原产地，猕猴桃酸甜宜人，富含维生素 C，是一种抗氧化能力强的高营养水果，具有很好的保健作用。我国是猕猴桃人工栽培面积和产量最大的国家(崔致学，1993)。猕猴桃种植的气候适宜区范围较广且较集中，涵盖了浙江、湖北、湖南和江苏的大部分区域，还包括川东北、陕南、关中渭河谷地、渝北、黔东南、豫东、豫西南、鲁西南和闽西北等地(屈振江 等，2017)。

猕猴桃喜温，但怕高温及倒春寒，生长期气象灾害主要有低温冻害、高温热害等(宋云 等，2020)。

7.9.2　浙江省猕猴桃主产区

据《2019 年浙江省水果产业发展报告》显示，浙江省猕猴桃栽培面积 14.28 万亩，产量 8.27 万 t，主产区绍兴市 2.05 万 t、衢州市 1.61 万 t、温州市 1.50 万 t，绍兴市上虞和诸暨、衢州市江山、温州市泰顺、丽水市遂昌等地为重点产地，杭州临安、金华义乌、武义等地也有一定产量。主栽品种徐香、红阳和华特。

浙江省猕猴桃栽培老产区有江山、庆元、武义、泰顺、临安等，新产区主要为经济发达的宁波、义乌等地(图 7.13)，其中江山是我国南方最大的猕猴桃生产基地(谢鸣 等，2008)。

7.9.3　猕猴桃主要气象灾害

(1)低温冷害

倒春寒天气一般在 3 月至 4 月初发生，此时由于气温升高，处于休眠状态的猕猴桃植株会提早萌芽，当遇强冷空气时，萌芽会受冻。

猕猴桃花期降温幅度大或者气温低，均会抑制开花及授粉，甚至停止开花(马文 等，2016)。

(2)高温热害

高温是影响猕猴桃产量尤其是品质和商品率下降的主要气象灾害(张明 等，2011)。浙江省高温干旱多集中在 7—9 月，一般日最高气温 35℃以上超过 9 d，就会有严重的日灼灾害发生。所谓日灼灾害是指在阳光直射影响下，果实的向阳面常变成暗褐色，果实毛茸脱落，严重者果肉坏死，果皮下出现革质的斑疤，果实品质下降(田剑平 等，2018)。

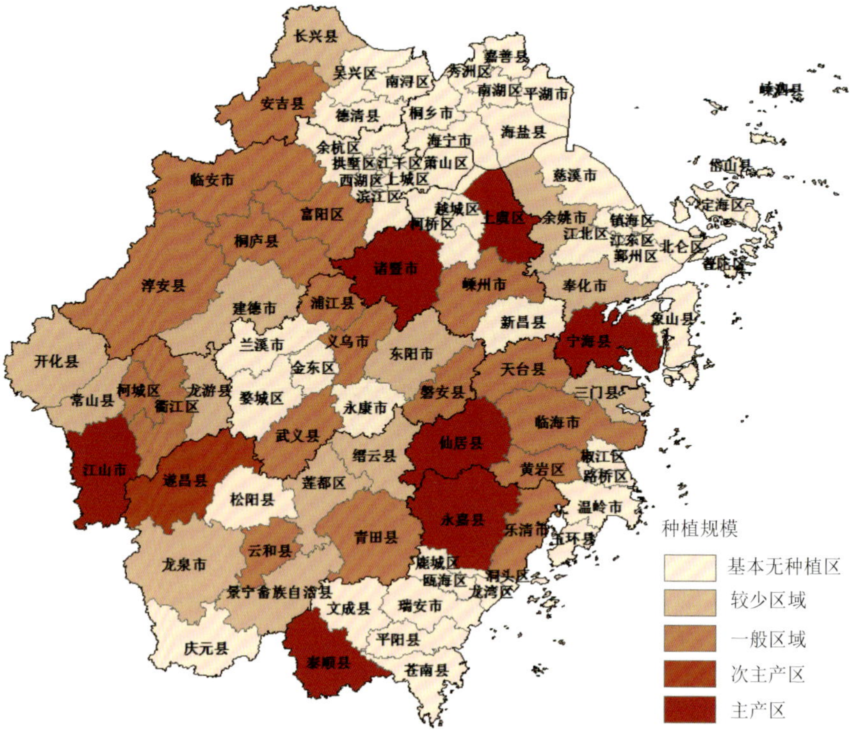

图 7.13 浙江省猕猴桃种植分布

7.10 山核桃

7.10.1 概况

山核桃是我国特有木本油料和干果树种，杭州临安区的昌化是重点产区。山核桃树喜寒怕旱，适宜生长在微酸性的荒山阴坡上。山核桃营养丰富，经济价值高，已成为产区农户的重要经济收入来源。

7.10.2 浙江省山核桃主产区分布

浙江省山核桃主要分布在浙西天目山脉为主的地区。全国山核桃种植面积已达 8.67 万 hm^2，近 40 万人从事山核桃产业。浙江省山核桃种植面积约 6.43 万 hm^2，占全国 70%以上，总产值约 39.1 亿元，其中临安区山核桃种植面积达 3.21 万 hm^2（张骏 等，2017）。

淳安、安吉、桐庐、建德、富阳等地也有较大面积种植，山核桃树是浙江省尤其是杭州市山区的重要经济林之一（图 7.14）。

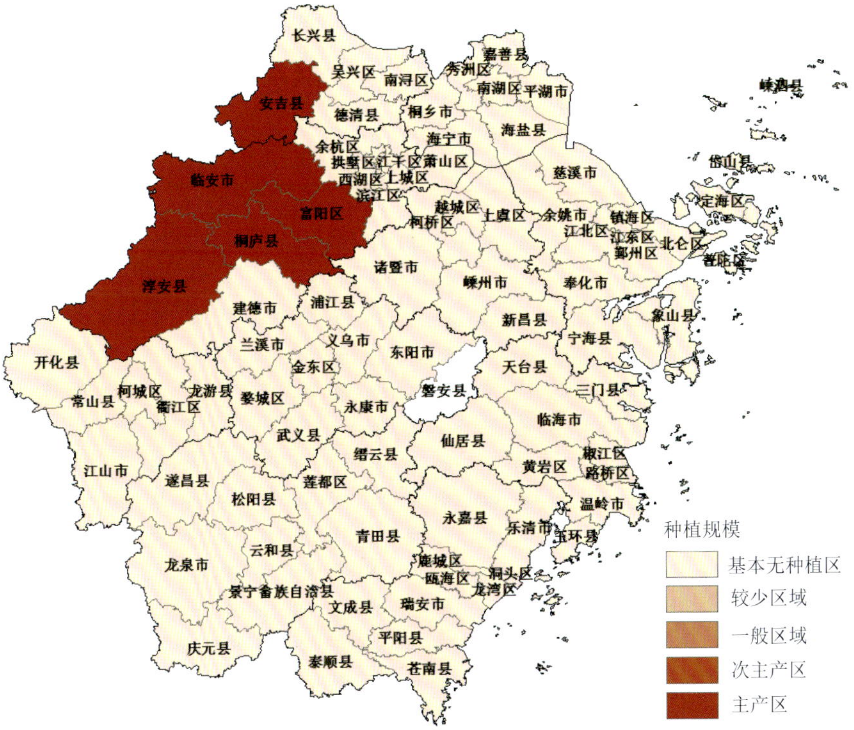

图 7.14　浙江省山核桃种植分布

7.10.3　山核桃主要气象灾害

(1)花期连阴雨

4 月中旬—5 月中旬，山核桃开花期遭遇阴雨绵绵，光照不足，雌、雄花的授粉受精会受影响，坐果率低，影响产量(焦洁洁 等，2012)。

(2)落花落果期强降水

5 月中旬—6 月中旬，山核桃落花落果期遭遇强降水，导致落果增加，影响产量。

(3)高温干旱

7—9 月果肉生长期，如遇上高温干旱，土壤水分损失过多，无法满足果肉生长的需水量，就会造成大量的空果粒，对 400 m 以下低海拔区域影响较大。

7.11　香榧

7.11.1　概况

香榧是我国的珍稀干果，其产果期长，一代果实成熟，要历经 3 年，其生命周期中具有奇特的“二代同堂”现象，有“寿星树”之称。香榧果实营养价值及经济价值很高，有“摇钱树”美称。

我国香榧种植历史已有2000多年，主要分布在浙、皖、赣、闽等10省(市)的一些山区。浙江省诸暨栽培的香榧有1300多年历史，香脆美味的枫桥香榧驰名中外。

7.11.2 浙江省香榧主产区

香榧主要产地在浙江，浙江省种植面积约达6万 hm^2，主要分布在会稽山区的绍兴柯桥区、诸暨、嵊州、东阳和磐安等香榧老产区(图7.15)，随着香榧南扩西进，松阳县逐渐成为浙南香榧产业发展的先行区及示范区(李杰峰 等，2021)。

浙江省“香榧南扩”战略实施后，香榧分布区由原来的会稽山脉向浙西南延伸，面积也逐年扩大。据统计，2008年前老龄林2.667万 hm^2，新造林2.133万 hm^2；杭州、丽水地区香榧种植面积分别为1万 hm^2 和0.933万 hm^2，82%为新造林，产值从4.1亿元提高到18亿元，发展速度位居山地经济林之首(何祯 等，2020)。

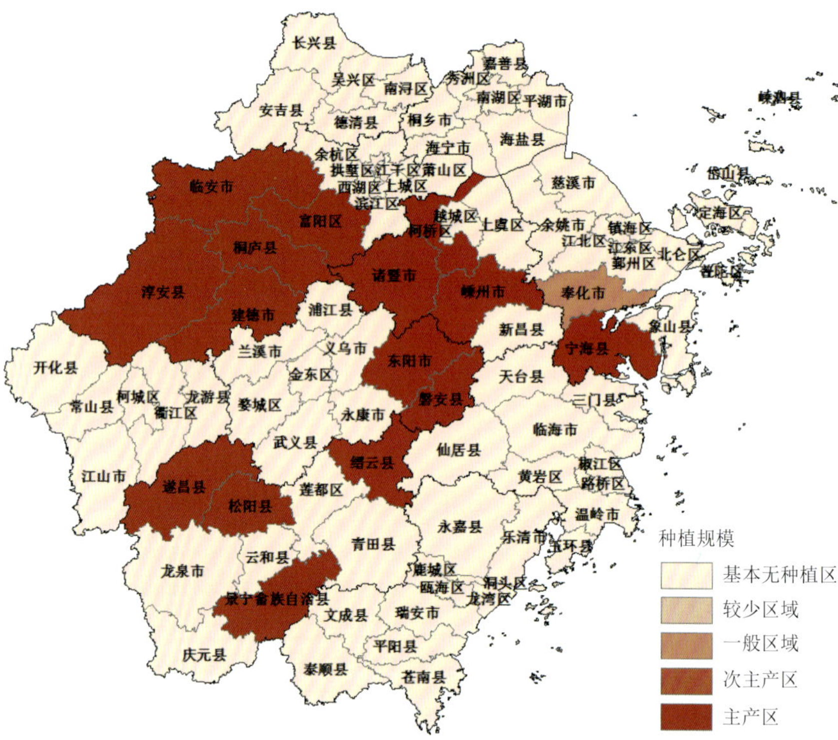

图7.15 浙江省香榧种植分布

7.11.3　香榧主要气象灾害

(1)连阴雨

开花授粉期间,连阴雨天气不利于自然授粉。

速生膨果期一般在当年的 5—6 月,若出现连阴雨天气,会出现大量落果。严重时落果量可达 80%～90%,对产量影响很大(周永忠 等,2008)。

(2)高温干旱

高温干旱发生时,香榧正处于果实充实期,高温干旱对当年产量影响不大,但对香榧树枝芽发育、雌雄花芽分化和发育影响较大,大旱的次年雌雄花明显减少,主要是雄花不能分化所致,导致第 3 年减产明显(周永忠 等,2008)。

7.12　葡萄

7.12.1　概况

近年来随着品种引进及技术优化,浙江省葡萄发展迅猛,在浙江省水果地位中越来越高。2019 年,葡萄栽培面积、产量、产值分别占全省水果栽培面积、产量、产值的 10.2%、16.7%、17.8%,分别列第 3、第 2、第 3 位。主栽品种巨峰占葡萄种植面积的 35.4%,藤稔占 11.6%,夏黑占 8.4%,鄞红占 6.4%,醉金香占 5.3%。

浙江省葡萄上市期较长,为 5—11 月。

7.12.2　浙江省葡萄主产区

据柏德玟等(2021)统计,浙江省葡萄产区遍布全省 80 多个县(市、区),其中年产量在 5000 t 以上的有 29 个,1 万 t 以上的 19 个,5 万 t 以上的 4 个。以慈溪市的葡萄面积最大、产量最高,分别为 0.37 万 hm^2、9.22 万 t,分别占全省葡萄面积、产量的 11.3%、12.0%。占全省葡萄面积 5%以上的,还有温岭市、浦江县和长兴县等地;占全省葡萄产量 5%以上的,还有浦江县、温岭市、长兴县、上虞区和南湖区等地。以面积计,集中产区有宁波(0.67 万 hm^2,占 20.4%)、嘉兴(0.63 万 hm^2,占 19.1%)、台州(0.59 万 hm^2,占 17.9%)、金华(0.50 万 hm^2,占 15.3%)、湖州(0.28 万 hm^2,占 8.5%)和绍兴(0.25 万 hm^2,占 7.5%)6 市,6 市合计占 88.7%;以产量计,集中产区产量宁波占全省的 22.6%、嘉兴占 21.4%、金华占 16.0%、台州占 14.1%、绍兴占 8.7%、湖州占 8.1%,6 市合计占 90.9%(图 7.16),集约化程度较显著。《2019 年浙江省水果产业发展报告》指出:宁波市慈溪,嘉兴市南湖、秀洲、海宁、海盐,湖州市长兴,绍兴市上虞,金华市浦江、金东,台州市温岭、玉环等地为重点产地,以慈溪葡萄、温岭葡萄、嘉兴葡萄为代表(图 7.17)。

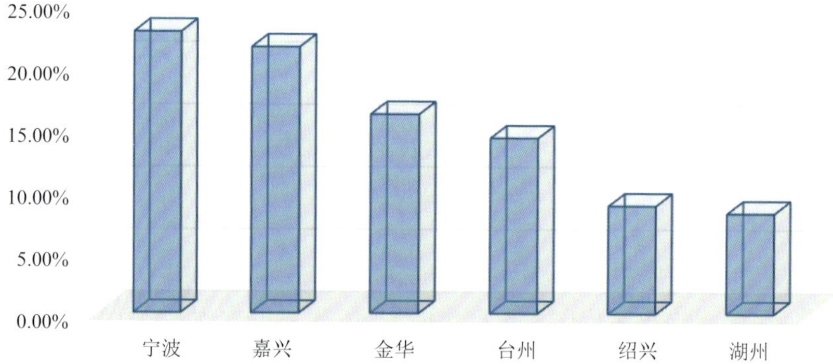

图 7.16 浙江省葡萄主产区占全省产量比

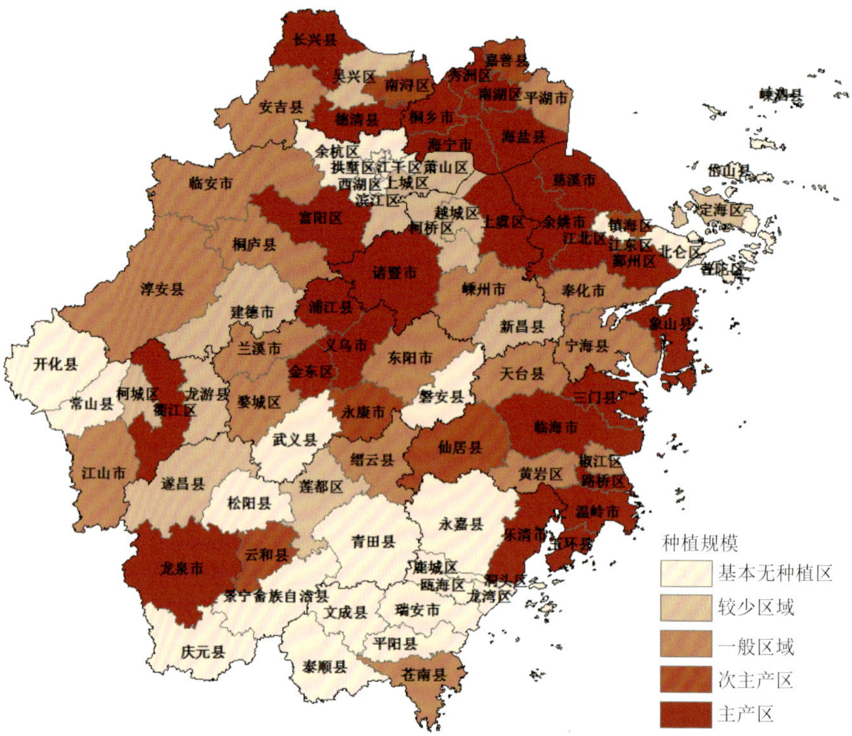

图 7.17 浙江省葡萄种植分布

7.12.3 葡萄主要气象灾害

(1)高温

高温对葡萄花期影响较大。高温使授粉不匀,后期果实易出现大小粒现象,严重影响产量和品质(杨志元,2012)。果实膨大期出现持续高温,对葡萄叶片和果实的影响较大,主要表现为葡萄叶片枯黄脱落或叶片灼伤焦斑,严重影响葡萄正常生长,导致植株出现脱水现象;葡萄果实可产生污点症、气灼症、日灼病的危害,诱发葡萄缩果病,产生黑斑并腐烂。葡萄果实在硬核期最易受到高温伤害,尤以大量气灼症的危害最大。高温经常伴随出现干旱,干旱对植株叶片影响最大,常引起叶片过早枯死和脱落,不利于树体养分积累(范凯锋 等,2020)。

(2)大风

强对流大风及台风大风,均对葡萄大棚产生较大影响。狂风暴雨会导致大棚被摧毁,棚内葡萄受损。尤其是浙江地处东南沿海,7—9 月的台风频发期和葡萄成熟采收期重叠。台风来时常常带来强降雨,风、涝灾害是浙江葡萄栽培中最严重的灾害。

7.13　草莓

7.13.1　概况

随着设施栽培的发展,浙江已成为全国重要的设施草莓主产区,草莓也是浙江省高效特色优势产业之一,是建德、慈溪等草莓重点产区农民增收的主要来源。2016—2017 年,浙江省草莓生产总面积为 6005.4 hm^2,产量 12.5 万 t,产值 22.4 亿元(廖益民 等,2018)。

红颊为浙江省草莓主栽品种,占栽培总面积的 70%以上,其次是章姬,其他小面积种植的有越心、越丽、越丰、红玉等普通品种,以及小白、白雪公主、太空草莓、天仙醉(醉侠)、妙香、隋珠、香蕉草莓等特色品种,其中越心 2016 年、2017 年连续 2 年列入浙江省主导品种(周佳燕 等,2019)。

草莓一般在 9 月上中旬开始定植,12 月开始可以进行分批采果,一般在 4 月底采果结束。

7.13.2　浙江省草莓主产区

浙江各市草莓种植面积从大到小的顺序排列为:杭州、宁波、金华、台州、嘉兴、衢州、温州、绍兴、湖州、丽水、舟山(图 7.18),其中杭州、宁波、金华、台州的面积之和占草莓种植总面积的 69.1%,尤以杭州建德草莓栽培面积最大,建德作为著名的"草莓之乡",产业规模占浙江的 54%(周佳燕 等,2019)。

7.13.3　草莓主要气象灾害

草莓生长分为苗期、移栽生长期、开花收获期。

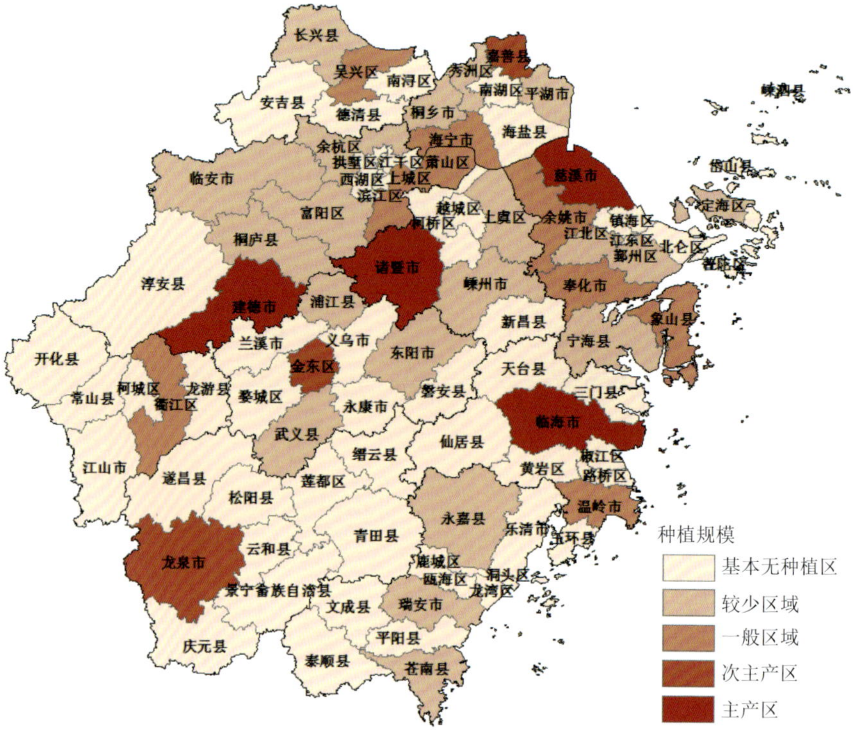

图 7.18 浙江省草莓种植分布

(1)高温

苗期主要气象灾害为高温，尤其是立秋至移栽生长期，草莓苗对高温很敏感，日最高气温≥32℃的日数超过一定日数，就会产生较高的死苗率(张德林 等，2015)。

(2)低温冻害

11 月中旬以后，草莓棚内温度低于 0℃时，花朵易受冻，影响结果；连续 3 d 棚内温度≤−3℃，会严重影响开花、结果(张德林 等，2015)。

(3)连阴雨

开花收获期，一般在 11 月上旬至 4 月底，主要气象灾害为低温连阴雨。

花期连续遇到≥3 d 的阴雨天气，影响开花授粉，引发病虫害，易造成畸形果(张德林 等，2015)。

参考文献

柏德玟，周慧芬，姚莹，2021. 浙江水果产业发展70年[J]. 中国南方果树，50(4)：177-183.

曹炎成，吴海镇，毛智军，等，2015. 异常高温干旱天气对胡柚产量与品质的影响[J]. 中国园艺文摘(6)：8-9.

陈方永，倪海枝，叶春勇，等，2009. 杨梅冻害预防和冻后处理办法[J]. 中国南方果树，38(6)：50-51.

陈瑾，2022. 我国秋季主要灾害性天气及防御[J]. 中国减灾，(20)：40-43.

陈志银，俞忠伟，李三玉，等，1991. 气候因子对杨梅产量的影响[J]. 中国农业气象，12(4)：21-26.

陈宗良，2002. 杨梅栽培168问[M]. 北京：中国农业出版社.

崔致学，1993. 中国猕猴桃[M]. 济南：山东科技出版社.

丁烨毅，杨栋，朱佳敏，等，2021. 基于灾害指数的奉化水蜜桃气象产量模拟[J]. 生态学杂志，40(4)：1146-1153.

范凯锋，李清斌，李盈盈，等，2020. 浙江省葡萄栽培气象灾害指标及服务技术探讨[J]. 浙江农业科学，61(8)：1575-1580.

付杰，夏小欢，黄磊，等，2015. 浙江省油茶产业发展现状与展望[J]，绿色科技(10)：147-149.

龚榜初，陈益泰，周文科，等，2008. 金衢盆地红壤丘陵区常山胡柚低产林改造技术研究[J]. 林业科学研究，21(1)：18-24.

郭小弟，朱寿燕，1998. 秋季低温对杂交水稻结实率的影响[J]. 中国稻米，14(1)：38-39.

何富泉，王领香，吴学素，1989. 枇杷产质量与气候[J]. 浙江气象科技(3)：33-36.

何强，井文涌，王翊亭，等，2004. 环境学导论[M]. 北京：清华大学出版社.

何胜礼，魏静，2003. 甘肃省梨花期冻害及其防御措施[J]. 陕西农业科学(2)：56.

何祯，王宗星，张骏，等，2020. 浙江省香榧产业发展现状与对策[J]. 浙江农业科学，61(7)：1345-1347.

贺庆棠，陆佩玲，2010. 气象学[M]. 北京：中国林业出版社.

华烨，张祖莲，张山清，等，2021. 基于GIS的精河县枸杞种植气候适应性精细化区划[J]. 沙漠与绿洲气象，15(4)：138-143.

黄建伟，2015. SSAA天文探索[M]. 广州：暨南大学出版社.

黄寿波，沈朝栋，李国景，2000. 我国枇杷冻害的农业气象指标及其防御技术[J]. 湖北气象(4)：17-20.

姜爱军，田心如，王冰梅，1997. 连阴雨灾害评估模型的研究[J]. 灾害学，12(2)：49-53.

焦洁洁，李绍进，黄坚钦，等，2012. 影响山核桃产量气象因子的调查与分析[J]. 果树学报，29(5)：877-882.

李杰峰，肖庆来，叶晓明，等，2021. 松阳香榧发展现状和产业发展对策[J]. 浙江林业科技，41(3)：115-122.

李书敬,2011. 浅析逆温现象[J]. 新课程学习(中)(12):164.

廖益民,胡美华,2018. 浙江省草莓产业现状、存在问题与发展对策[J]. 浙江农业科学,59(5):682-684,691.

刘高平,朱坚,杨开围,2015. 江南春季连阴雨的频数特征及其前期环流信号[J]. 气象科学,35(4):474-479.

刘敏,许丽萍,余家燕,等,2014. 重庆主城区秋冬季逆温对空气质量影响的观测分析[J]. 环境工程学报(8):3367-3372.

娄伟平,等,2021. 茶树气象灾害风险管理[M]. 北京:气象出版社.

娄伟平,孙科,2015. 绍兴市精细化农业气候资源分布及利用[M]. 北京:气象出版社.

娄伟平,吴利红,倪沪平,等,2009. 柑橘冻害保险气象理赔指数设计[J]. 中国农业科学,42(4):1339-1347.

娄伟平,吴利红,姚益平,等,2019. 浙江省茶叶气象灾害风险精细化区划[M]. 北京:气象出版社.

马文,赵奕兵,刘新生,等,2016. 陕西省武功县猕猴桃种植气象条件分析[J]. 陕西农业科学,62(3):86-89,121.

毛燕军,2003. 2003年浙江省夏秋季干旱特征及成因[J]. 科技通报,21(3):259-261.

毛裕定,吴利红,苗长明,等,2007. 浙江省柑橘冻害气象指数保险参考设计[J]. 中国农业气象,28(2):226-230.

缪松林,黄寿波,梁森苗,等,1995. 中国杨梅生态区划研究[J]. 浙江农业大学学报,21(4):366-372.

邱继水,曾杨,潘建平,等,2009. 广东枇杷生态栽培区划[J]. 广东农业科学(12):64-66.

屈振江,周广胜,2017. 中国主栽猕猴桃品种的气候适宜性区划[J]. 中国农业气象,38(4):257-266.

沈兆敏,1998. 柑橘防灾抗灾技术[M]. 北京:金盾出版社.

宋云,刘中新,2020. 我国猕猴桃种植与气象条件研究综述[J]. 江苏农业科学,48(8):41-47.

谈建国,陆晨,陈正洪,2009. 高温热浪与人体健康[M]. 北京:气象出版社.

田剑平,张欣,胡妍妍,等,2018. 大方县猕猴桃物候期主要气象灾害影响分析[J]. 农家科技(6):161-162.

汪红燕,吴文明,2008. 冻害的气象因子与胡柚产量的相关性分析[J]. 浙江农业科学(6):669-671.

王道藩,1983. 湖南省丘陵山地油茶气候资源的研究[J]. 农业气象(2):11-13.

王镇铭,杜惠良,杨诗芳,2013. 浙江省天气预报手册[M]. 北京:气象出版社.

吴耕民,1987. 金柚特性及其栽培技术要点[J]. 中国柑橘(1):16-18.

吴利红,苗长明,姚益平,等,2012. 气象灾害风险管理在农业保险中的应用研究[M]. 北京:气象出版社.

项瑛,程婷,王可法,等,2011. 江苏省连阴雨过程时空分布特征分析[J]. 气象科学,31(增刊):36-39.

谢鸣,吴延军,陈俊伟,等,2008. 浙江省猕猴桃发展现状及加快其产业化进程对策[C]//中国园艺学会猕猴桃分会第3届研讨会论文集.

徐金芳,邓振镛,陈敏,2009. 中国高温热浪危害特征的研究综述[J]. 干旱气象,27(2):163-167.

许昌燊,陈琦,王领香,1999. 柑橘优质高产与浙江气候[M]. 北京:中国林业出版社.

薛倩,谢菌苗,郭强,等,2020. 地理学视角下城市高温热浪脆弱性评估研究进展[J]. 地理科学进展,39(4):685-694.

杨彬,1991. 逆温与大气污染[J]. 东北师大学报(自然科学版)(1):109-112.

杨志元,2012. 南方大棚葡萄热害调查[J]. 中国南方果树,41(5):107-108.

张德林,李军,蒋其根,等,2015. 大棚草莓农业气象灾害预警指标研究[J]. 上海农业学报,31(5):56-60.

张慧琴,周慧芬,汪末根,等,2019. 浙江省桃产业现状与发展思路[J]. 浙江农业科学,60 (1):1-3,8.

张继权,李宁,2007. 主要气象灾害风险评价与管理的数量化方法及其应用[M]. 北京:北京师范大学出版社.

张骏,赵伟明,丁立忠,等,2017. 浙江省山核桃可持续经营存在的问题与对策[J]. 浙江农业科学,58(7):1140-1142,1145.

张明,李艳莉,贺文丽,等,2011. 秦岭北麓猕猴桃夏季高温热害分析及防御对策[J]. 陕西气象(3):35-36.

章树安,王爱平,杨桂莲,等,2010. 旱情监测与评价进展研究与思考[J]. 水文,30(3):15-21.

赵雪梅,叶兴乾,朱大元,2007. 常山胡柚皮中挥发性成分分析[J]. 果树学报,24(1):109-112.

郑国光,矫梅燕,丁一汇,等,2019. 中国气候[M]. 北京:气象出版社.

中国农业科学院,1960. 中国果树栽培学[M]. 北京:农业出版社.

中国气象局,2003. 地面气象观测规范[M]. 北京:气象出版社.

周佳燕,杨新琴,胡美华,等,2019. 浙江省 2017 年草莓生产发展情况调研[J]. 长江蔬菜(2):72-75.

周淑贞,张如一,张超,1997. 气象学与气候学(第三版)[M]. 北京:高等教育出版社.

周永忠,娄伟平,2008. 气象条件对诸暨香榧生产的影响[J]. 安徽农业科学,26(15): 6340-6341.

朱乾根,林锦瑞,寿绍文,等,2012. 天气学原理和方法[M]. 北京:气象出版社.

左青,辜晓青,2007. 横峰县油茶气候资源开发利用[J]. 江西能源(2):50-52.

LOU W,SUN S,2013. Design of agricultural insurance policy for tea tree freezing damage in Zhejiang Province,China[J]. Theoretical and Applied Climatology,111:713-728.

MAO Y J,TAN J Q,2023. A study on extreme temperature and climate events in Zhejiang region of East China[J]. Atmospheric and Climate Sciences,13(3):333-340.